北陸
深度休日提案

搭新幹線暢遊**金澤、兼六園、立山黑部、合掌村、加賀溫泉、**
上高地、觀光列車…最美秘境超完整規劃！暢銷增訂版

Aska 著

國境解封後的日旅注意事項

在台灣放寬對疫情的出入境限制後，很多人出國的第一選擇都是到日本。在疫情之後的觀光旅遊政策都有一些變化。如果你以前已去日本玩過好幾次，而現在仍抱持著一樣「說走就走」的想法直衝日本，那可能會因為「一時大意沒有查」的結果，卡在某些出入關流程、或在日本當地發生一些問題。建議你花 3 分鐘快速看完以下重點，順便檢查一下是否自己都做好準備囉！

※ 出入境手續，可能會有變化。實際最新狀況請隨時到相關網站查詢。

- **檢查護照是否已過期、快過期**

大部份的國人因為疫情關係，至少有兩年多不曾出國，也許就在這兩年你的護照剛好要過期了，如果有出國計畫，第一步就是打開護照看一下「效期截止日期」，因現在換發護照的人潮眾多，至少提前兩週去辦理比較保險，並且記得順便辦快速通關喔！

※ 若要換發護照但沒時間排隊，也可找旅行社代辦。

※ 若之前沒有護照，第一次申辦的人，可就近到任一個戶政事務所，現在臨櫃有提供「一站式服務」，新辦護照也可以受理。

外交部
領事事務局

戶政事務所
辦理護照說明

- **確認最新檢疫入境政策**

日本於 2023 年 5 月 8 日起新冠肺炎降級，赴日觀光不需出示疫苗證明，並解除日本室內外口罩令，若有任何變動，請以最新規定為準。

外交部
前往日本須知

- **線上填寫 Visit Japan Web（VJW），加快入境日本**

以前飛往日本，在機上都會發兩張紙本的單子，一張是入境卡（下飛機第一關檢查護照時要交）、一張是給海關用的（有無攜帶違禁品，拿行李出海關時要交）。現在日本已經採取線上化一起整合成「Visit Japan Web」，請務必提前幾天到此網站申請帳號並登錄完成，過程中需上傳護照，及填寫一些旅程相關資料，加上還要等候審查，如果是到了日本下飛機才填寫會來不及喔！

※ 若未線上填寫 VJW，也仍然可以用以前的紙本單子流程（在飛機上跟空服員索取），也可以線上跟紙本都填，入境時看哪個隊伍排隊時間較短就排那邊，擇一即可。

Visit Japan
Web

VJW的
常見問題說明

- 出入境都儘早提前過安檢

不管從台灣出發、或從日本回台，建議都早點過安檢關卡，因為現在旅客爆增，機場人力不太足夠，安檢的關卡常大排長龍。如真的隊伍太長，而你已接近登機時間了，航班的空服員會在附近舉牌子（上面寫有班機號碼），只要舉手回應表明是該班機乘客，就可以帶你加速安檢通關。

- 自助結帳、自助點餐

為了減少直接接觸，許多餐廳新增了自助點餐與結帳系統，入座後可以自行操作座位上的平板電腦，或用個人手機直接掃店家提供的 QR code 點餐。一些商店、超市與便利商店也都增加了自助結帳機，通常搭載多國語言，可先在螢幕點選「中文」後自行刷條碼結帳。另外，即使是由店員負責結帳，許多店家也會在刷好商品條碼後，要求顧客自行將信用卡插入刷卡機結帳，或是將現金直接投入結帳機內。

- 日本有些餐廳改成現場登記制（記帳制）

疫情之後，日本很多餐廳吃飯都要預約，倒不一定要事先電話或網路預約，而是到了現場之後，在門口有本子要你登記想用餐的時間，所以有時看起來沒有在排隊，實際上本子裡已經排了滿滿的人。而且假設你登記 19:00，即使 18:30 有空位了也不能提早進去。不過每間餐廳的作法不同，請以現場狀況為準。

- 日本的消費變便宜還是變貴？

其實日本的物價及稅金一直在上升，但因日圓貶值的關係，消費的感覺並沒有變貴，甚至還更便宜。但因日本政府不時提供國旅補助，鼓勵日本人在國內旅遊消費，相對飯店住宿的漲幅就會比較明顯了。

- 在日本上網更方便的 e-SIM 卡

很多人到日本要手機上網，會另外買專用的 SIM 卡，但缺點是要拔卡換卡很麻煩。現在較新的手機都有支援 e-SIM 卡功能，就是一個虛擬的數位 SIM 卡，只供日本上網專用（一樣有分幾天、吃到飽等方案），像遠傳、台哥大都有自己的日本上網 e-SIM 卡；而Klook、KKday 等網站也有販賣其它品牌，即賣即用，算是很方便的選擇，可自行上網搜尋相關資訊。

※ 使用 e-SIM 卡時，請將手機國內號碼的漫遊功能關閉，以免誤用台灣號碼漫遊連網。

本書所列相關資訊以 2023 年 6 月為
基準，資訊因時因地會調動，出發前
請利用書中的網址再次確認。

美好北陸深度慢旅！

與 Aska 的相識，是在多年前的一次大阪之旅。

2010 年，我們受大阪觀光局的邀請來到了大阪，即使當時在座的每個人都已經是官方認證的「旅遊達人」了，但在言談之間，仍不難發現 Aska 是我們裡面對日本交通、文化、美食、購物最為了解的一個。

後來因緣際會，我在高雄、台南兩地舉辦了幾場講座，每每講到口沫橫飛、精彩橋段時，台下總有個人點頭如搗蒜的為我加油打氣，而這個人正是 Aska。為人低調的他，從不去渲染他對日本有多麼的熟稔，但茶餘飯後卻總能說出幾個連我們這些一年去日本三、五次的人都覺得厲害的景點。

過去一直把旅行的重點放在關西地區，有了孩子之後，更是把重心移往了擁有豐富自然資源的北海道。北陸對我來說，好像是個陌生的地方。但，現在有了這本《北陸，深度休日提案》，要前往北陸旅行，相信不再是件難事！

在這本書裡，Aska 就像是位稱職的嚮導，從最基礎的「認識北陸」開始，讓讀者在攤開日本地圖的同時，就能清楚的將北陸區分出來；接著他從交通切入，教導我們如何善用交通票券來暢遊北陸地區；最後再用大量的篇幅來介紹北陸三縣好玩、好吃、有趣的景點。大家耳熟能詳的金澤、合掌村、立山黑部、飛驒高山等，都在北陸。合掌村是個美到讓人會倒抽一口氣的世外桃源；立山黑部每年 4 月的開山也總是吸引大批的朝聖人潮；至於有小京都之稱的金澤，更是喜愛古都氛圍的朋友不容錯過的城市。

Aska 對日本瞭若指掌，舉凡日本文學、歷史，甚至是好吃、好玩的，他總是立即就能給人建議，也難怪我時常笑稱他是「日本通」，可真是一點也不為過呢！繼上一本大賣的《四國，深度休日提案》後，今年又再度出版《北陸，深度休日提案》，兩本都是值得您擁有並收藏的好書。相信拜讀過 Aska 文字後的你，肯定也會像我一樣，想立刻訂張機票，去走訪他文中所傳述的那些美好地方。

人氣旅遊作家　*Sharon*

漫遊北陸，一訪再訪！

　　走訪過日本許多地方，讓我留下好印象的城市為數不少，但要說第一次就感受到不可言喻的親近感，金澤或可說是唯一的一個。

　　早在台灣每年訪日僅約百萬人次左右的年代，我就曾經由富山空港來到北陸，是一次 5 天 4 夜的小旅行。初夏時節梅雨連綿，我們抵達「兼六園」後不久，一早即鉛雲低垂的天空沛然雨下，只得撐著傘直直站在霞之池的石橋上，深怕稍一走動就會被滂沱雨勢淋濕身體與鞋子，好不容易總算等到大雨方歇，卻也到了團體要集合的時間，只能悻悻然草草結束這名園的參觀。

　　但壞天氣並沒有因此讓我對這裡留下不好的印象，坐在遊覽車透過窗戶沿途欣賞雨後的金澤街景，行經 JR 金澤車站前，彼時鼓門猶未完成，更遑論新幹線，城市內也沒有日本一線大城市常見的高樓巨塔，自稱不上熱鬧，然而歷經長久歷史淬鍊的「加賀百萬石」所自然散發的細緻與古樸氣質卻更令人著迷，且當時沒有廉航，自助旅行也沒有像現在普及，讓古都更顯幽靜，使人油然喜歡上這種氛圍，可說一見傾心，我也暗自許下日後一定要再來走訪的心願。

　　不過當時仍猶年少，更想追求的是將日本 47 個都道府縣全數走遍的紀錄累積，等到再次重遊北陸，已然匆匆過了 10 餘個寒暑。這段期間歷經烏山頭水庫八田與一紀念園區的開幕、林百貨店修復後重新開業，以及台南警察署廳舍的整修，看似沒什麼相關的事，背後卻有著共同的關鍵字，我才發現從小生長的城市竟然和遙遠的北陸金澤之間有著這麼深的關聯與羈絆。

　　八田與一所設計的嘉南大圳也許離市區稍遠，但在地俗稱「五棧樓仔」這棟怎麼看都顯得特別的建築，就位在我日常生活的街廓旁，也是高中 3 年上下學時必經之路，對她可說再熟悉不過。出社會後來到鄰近的大都市工作，週末回到台南，每當我從民生綠園轉入中正路，看見這猶如老鄰居般親近的建築，總能有種安心的感覺，即便她曾經佝僂頹圮度過許多不為人間的晦暗時光。早前我只從老一輩口中約略聽聞她曾經過往的輝煌，直到 2014 年，這棟在日治時期等同摩登時尚代名詞的「林百貨店」重新開幕之際，伴隨更詳細的史料，我才知道這棟已然成為府城新象徵之一的樓仔，以及不遠處流露著相似建築語彙的台南警察署廳舍，都是由出身自石川縣的建築師梅澤捨次郎所設計，初次造訪金澤所感受到的那份親近感在這時恍然回憶起，覺得該再去一次了。

會感到親近我想主要還有個因素。金澤市街範圍不大，卻是一座很有「歷史層次感」、適合散步的城市，16世紀前田家入主後繁榮發展，江戶時代所留下的兼六園、金澤城、茶屋街、長町武家屋敷，明治維新時所立的尾山神社，大正年間完成的犀川大橋，直到現代平成年所設的金澤21世紀美術館、鼓門，乃至最新的北陸新幹線，可謂新舊交融，無一不是經典之作，加上沒有受到第二次世界大戰戰火的波及，保存良好，就彷如我成長的城市紋理，巧妙融合著荷蘭時代、清領與日治的豐富史蹟，似乎也是另一種巧合。

日本明治昭和年代出名的散步文士「永井荷風」曾在《荷風的東京散策記》中寫道：
「到電車線後方殘留都市更新前的老街，或仰望寺廟眾多的依山小巷中的樹木，或見到架在溝渠、護城河上不知名小橋等，總覺周圍寂寞的光景調和了我的心情，一時之間令我產生難以離去的心緒。心扉為那些無用感慨所打動，比什麼都欣喜。」

書中所描繪的雖然是東京的風情，同樣喜歡散步的我每當漫步在金澤或台南的街頭巷弄，也往往有著與荷風相似的體會，感到親近和欣喜。

金澤實在是太迷人了，於是這幾年我常從關西空港進出，過熱門的京都而不入，以石川縣的金澤為旅行的起點，延伸走訪相鄰的富山和福井，書中是我對於北陸三縣的旅遊分享，就像拙作《四國，深度休日提案》，寫著我的經驗與觀察，這次並帶著些旅遊指南的風格，期望對這幾個地方感到好奇或想去旅行的人能有些幫助。這次承蒙在金澤生長、也是教導我日語的新澤老師以當地人帶路的方式推薦行程、住在金澤的日本友人片岸先生與曾旅居一段時日的許紋瑗小姐提供我許多照片，以及暢銷旅遊作家雪倫精彩的推薦序，人氣旅遊部落客小氣少年的推薦，都讓這本書的內容能夠更加生動豐富，在此一併致謝。

這本書實際寫作時間約2個多月，書寫的過程中難免有望著電腦螢幕腸枯思竭之時，但更多時候，是在敲下鍵盤的同時讓我沈浸在那幾段旅途的美好回憶，常常人在台灣，心思卻已然飄到北陸，嘴角也不禁微微上揚，所以假使文中有些如同暢銷作家郭正佩在《東京‧村上春樹‧旅》中所寫的「如果我似乎快樂的有些得意忘形」，就請讀者「多多包涵」了。

Aska

北陸 去之前一定要知道的事

▓ 認識北陸

　　北陸，相較於關東或是關西，對於大部分台灣人來說，可能是個相對比較陌生的日本地理名詞，不過如果提到金澤或是加賀屋，大家或許就多有耳聞，這兩個地方都正好位在北陸的石川縣。北陸地方由三個縣所組成，由西往東分別是福井縣、石川縣、富山縣，縣廳分別是福井、金澤、富山；位處日本列島本州的中心位置，北臨日本海，東邊是甲信越地方、南側臨東海地方、西部則和近畿地方相鄰。

北陸三縣

　　北陸地方的面積合計達 12,624 平方公里（不含新潟縣），相當約 1/3 個台灣國土的大小，人口將近 300 萬人，其中石川縣、富山縣的人口均超過百萬，福井縣人口最少，僅約 76 萬人，相較

於台灣的人口密度明顯低了許多，也不像日本其他大都會摩肩擦踵、高樓林立帶給人的壓迫感，加上自然景觀豐富，如富山縣南側的立山連峰、阿爾卑斯山脈（アルプス山脈）、黑部峽谷，或是靠近日本海的富山灣、東尋坊⋯⋯無一不壯闊動人；北陸的傳統文化亦有可觀之處，如俗稱「加賀百萬石」的金澤完整保留許多重要傳統建造物、歷史及工藝，華麗且優雅，一直是日本人很嚮往的地方。北陸在 2014 年就曾獲《Lonely Planet》（孤獨星球）評選為世界十大旅遊地區的第四名，並以「is saturated with culture, history and striking natural beauty.」來形容這裡。

　　2015 年 3 月 14 日，本世紀北陸地方最盛大的日子到來，當地居民期盼多年的北陸新幹線長野延伸到金澤路段正式開業，從東京前往金澤的交通時間也從 3 小時 51 分，大幅縮短為 2 小時 28 分，一日生活圈於焉成形，當日往返成為可行選項。北陸新幹線通車後也帶動了一波日本國內前往北陸觀光的熱潮，至今仍方興未艾，連新幹線尚未通車的福井縣也一併受惠，根據日本訂房網站樂天旅遊的調查，福井縣在 2017 年秋天的日本國內旅遊訂房成長率高居第二位，在 2022 年的日本都道府縣魅力度排行榜中，石川縣也擠進前十名，看來隨著交通的日益便利，也讓人不斷發掘出這三個縣的觀光魅力。

||| 北陸的氣候

　　北臨日本海的北陸三縣，是以「豪雪」聞名的地區，每年冬天從西伯利亞南下的冷氣團，夾帶日本海豐沛的水氣，在北陸受到山脈的阻擋，總會降下可觀的大雪，連市區都可能有數十公分的積雪，因此又有「雪國」的稱號。日本海側於是有句俗諺：「即便忘了帶便當，也不要忘記帶雨傘」，說明了北陸冬天多雪多雨的天氣特色。歷年這個地區較大的天然災害，也通常都是大量降雪所造成，例如 2018 年 2 月，一波波的寒流在福井縣降下比往年還多 6 倍以上的雪量，市區積雪高達 136 公分，大野市更達 3 公尺，學校停課、地方鐵道也無法運行，並造成許多災情。因此，在這個季節前往北陸務必要有足夠的禦寒衣物，並隨時留意氣象報導，以免因天候狀況影響行程。

　　春天的北陸天氣較穩定，是理想的旅遊季節，櫻花開花的日期通常會較東京晚 1 ～ 2 週，大約落在 4 月上旬，這時氣溫早晚溫差大，仍需準備外套。

　　北陸約在 6 月中上旬會進入梅雨季節，比較多雨，夏天的氣候大致良好，不過受到焚風的影響，也不時會有超過 30 度的高溫，甚至達到「猛暑」（35 度以上）的情形。進入 10 月以後，天氣會逐漸轉涼，楓葉約在 10 月中、下旬會漸漸轉紅，比起關東及關西地區的平地提早許多，11 月上旬靠近山區就有可能會降下初雪，逐漸轉為寒冷的天氣型態。

北陸地方是日本出了名的豪雪地帶，冬季雪量通常都非常可觀（照片提供：金沢市）

金澤	1月	2月	3月	4月	5月	6月	7月	8月	9月	10月	11月	12月
最高氣溫（℃）	6.5	6.5	13.8	18.6	23.2	27.6	31.6	32.0	28.5	21.6	18.2	9.2
平均氣溫（℃）	3.4	3.3	8.9	13.8	18.5	23.4	27.3	27.9	24.5	17.2	13.6	6.1
最低氣溫（℃）	0.7	0.6	4.7	9.2	13.8	19.8	24.3	24.7	21.3	13.2	9.5	3.4
降雨量（mm）	185.5	200.0	94.5	150.5	87.5	107.0	186.0	382.5	199.0	143.0	126.0	362.0

富山	1月	2月	3月	4月	5月	6月	7月	8月	9月	10月	11月	12月
最高氣溫（℃）	5.0	5.9	13.5	19.1	23.6	28.1	31.5	32.4	28.1	21.4	18.1	8.5
平均氣溫（℃）	2.0	2.3	8.4	13.8	18.1	23.3	26.8	27.4	23.9	16.6	13.1	5.1
最低氣溫（℃）	-0.3	-0.4	4.1	8.8	12.7	19.3	23.4	23.5	20.3	12.1	8.7	2.5
降雨量（mm）	202.5	218.5	103.0	151.5	111.0	77.5	277.5	327.5	245.5	130.5	199.0	357.5

福井	1月	2月	3月	4月	5月	6月	7月	8月	9月	10月	11月	12月
最高氣溫（℃）	5.7	6.8	13.9	20.6	24.3	28.9	32.0	32.5	29.2	22.2	18.7	8.7
平均氣溫（℃）	2.4	2.6	8.6	14.4	18.5	23.8	27.2	27.8	24.6	16.8	13.1	5.3
最低氣溫（℃）	-0.2	-0.4	4.0	9.2	13.2	19.5	23.7	24.2	21.2	12.4	8.8	2.7
降雨量（mm）	217.5	208.0	119.5	116.5	95.5	83.0	310.0	465.5	192.5	143.0	113.0	403.0

資料來源：國土交通省氣象廳

▌▌北陸三縣的特色

海岸線長達 1,146 公里的北陸，為這個地區帶來豐厚的漁獲。富山的白蝦、鰤魚（ぶり）、螢烏賊（ホタルイカ），石川的甜蝦、鰑烏賊、香箱蟹，以及有冬季味覺王者封號的福井越前蟹，都是大自然所賜予的恩惠，終年都有新鮮美味的海產可以品嚐，其中金澤的近江町市場猶如京都的錦市場，是當地人的廚房。

近江町市場

北陸也是日本米的名產地。冬季的豪雪雖然造成許多不便，但也為當地帶來充沛的水源，加上春天播種時早晚溫差顯著，形成良好的稻米種植環境。日本享譽全球的越光米，最早即是在福井縣培育出來並成功栽種，之後才逐漸普及到日本各稻米農地。來到北陸，可別忘了大口品嚐日本數一數二好吃的白米飯，每年 9 月份就能在當地買到甫收成的新米。

金澤城

毫無疑問，三縣之中，石川縣絕對是居於老大哥的地位，NHK 在播報全國天氣時，也以金澤作為北陸的代表。金澤有著在漫長歷史中培養出來的文化與傳統，戰國時代加賀藩始祖前田利家及後代的戮力經營，讓金澤成為北陸最富饒的地方，歷史資產多且集中，加上未曾受世界大戰戰火波及，舉凡兼六園、金澤城、東西茶屋街、尾山神社，依然保有江戶時代加賀城下町的餘韻，不管走到哪裡都不會讓人感到厭倦，是一座會令人想要不停回訪的城市。

富山縣則是整個日本海側最大的工業聚集地，金屬加工（鋁、銅、鐵）最為知名，利用的正是立山連峰豐沛水量所產生的電力，其中「黑部水庫」是最廣為人知的一座。橫斷「黑部立山」（或稱「立山黑部」，看從哪一端出發）除了可欣賞高山景色，並需要轉換多種交通工具，也成了旅途中有趣的體驗。富山縣也是日本全國唯一，縣內的每個市、町均有鐵路車站設站的縣，並且擁有日本最先進的 LRT 輕軌系統，鐵道網相當發達。

⫿ 用 Jalan 訂房

　　Jalan 和樂天旅遊都是日本人很常使用的訂房網站，只要註冊成為會員，就能在這個日本最大規模網站訂房，住宿並能享點數回饋（1 點等於 1 日圓），非常實用。Jalan 訂房方式如下：

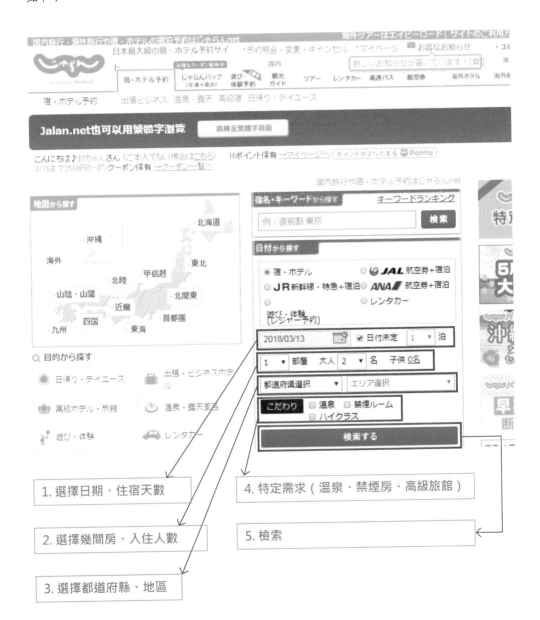

1. 選擇日期、住宿天數

2. 選擇幾間房、入住人數

3. 選擇都道府縣、地區

4. 特定需求（溫泉、禁煙房、高級旅館）

5. 檢索

81軒ありました。 この一覧をMAPに表示して見られます。 [観光MAP]　　　　　　　　最初｜前へ｜1｜2｜3｜次へ｜最後

料金は1泊1部屋の人数分の合計料金です（税抜・サービス料込み）[?]料金について

金沢駅東口徒歩3分！駅近辺唯一の天然温泉男女別大浴場付ホテル♪　　　　　エリア：石川県 > 金沢・湯涌

天然温泉加賀の湧泉 ドーミーイン金沢

[フォトギャラリー] [宿ブログ新着あり]

■男女別天然温泉大浴場・サウナを館内最上階14階に完備 ■特徴：スタイリッシュな空間が自慢です。■布団：羽毛布団枕：ゲルマニウム枕をご用意しております。■朝食：品数豊富な和洋バイキング有り

[風呂 高評価] [朝食 高評価] [接客 高評価] [?]

[時計] たった今予約されました

最安料金（税抜）　¥12,490〜
（¥6,245〜/人）

【アクセス】JR金沢駅東口より徒歩2分 [MAP]

宿泊プラン		大人1名（税抜）	合計（税抜）
【朝食付き】目の前で焼くオムレツが好評!!和洋バイキング付プラン♪【天然温泉大浴場完備】 [ポイント2%] [オンラインカード決済可]	[ダブル] [朝のみ]	¥7,356	¥14,712 294ポイント貯まる クーポン利用で1000円お得！ ▸クーポンゲット！
【素泊り】癒しのシンプルスタンダードプラン♪【天然温泉大浴場完備】 [ポイント2%] [オンラインカード決済可]	[ダブル] [食事なし]	¥6,245	¥12,490 249ポイント貯まる クーポン利用で1000円お得！ ▸クーポンゲット！
【事前決済限定】朝食バイキング付きプラン [ポイント2%] [オンラインカード決済専用]	[ダブル] [朝のみ]	¥7,171	¥14,342 286ポイント貯まる クーポン利用で1000円お得！

接著選擇要訂的旅館及住房方案，有時旅館會配合網站活動提高點數回饋比率（ポイントUP），可多加利用。

宿泊日 2018 年 4 月 10 日 1 ▼ 泊 人数等 1 ▼ 部屋 大人 2 ▼ 名 子供 0名

[料金再表示]

2018年4月10日残室数： 1 部屋　　　　　▸他の日の残室・料金　▸他の部屋　▸他のプラン

支払い料金（サービス料込）　　　　　　　　　　　　　　　　　　[?]料金について

宿泊料金 ¥14,712（税込 ¥15,890）

[予約へ進む]

確認方案和金額無誤後，按「予約へ進む」（進入預約）。

[?] 昨日この宿を69人が予約しました　[?] 4人がこのプランを閲覧しています

料金明細

　1泊目　1部屋目： 7,356円（大人）×2名
　　　　小計： 14,712円

料金特記：
　なし

支払方法： [?] オンラインカード決済とは
　現地決済／オンラインカード決済

宿泊内容

👥 あなたの他に 8 人がこの宿を見ています。

チェックイン日	2018年4月23日 📅 変更
泊数	1 ▼ 泊
チェックイン予定時間 [必須]	時間を選択 ▼ チェックイン予定時間に遅れる場合は、必ず宿泊施設へご連絡ください。
部屋数 [必須]	1 ▼ 部屋
宿泊人数 [必須] （半角数字）	予約する部屋数あたりの宿泊人数を入力してください。

	大人 男性	大人 女性	小学生	幼児： 食事布団 あり	幼児： 食事あり	幼児： 布団あり	幼児： 食事布団 なし
1部屋目	名	名	受入なし	受入なし	名	受入なし	受入なし

宿泊施設	天然温泉加賀の涌泉　ドーミーイン金沢
宿泊プラン	[ポイント2%] 【朝食付き】目の前で焼くオムレツが好評!!和洋バイキング付 プラン♪【天然温泉大浴場完備】 🍴朝のみ
部屋タイプ	【禁煙ダブルルーム】 Wi-Fi完備
じゃらんnetからの予約 変更・キャンセル締切	当日の23時45分まで

このページはSSLを使った暗号化モードで表示されています。

🔘 ヘルプ お問合せ
ログアウト

宿泊予約　予約内容入力　▶　支払情報入力　▶　予約前の最終確認　▶　予約完了

📒 このページはSSLを使った暗号化モードで表示されています。

▌利用ポイントの設定

🔘 ポイントの種類・確認方法・使い方について

ポイントの利用有無	現在お持ちのポイントが100ポイント未満のため、ポイントのご利用はできません。
ポイント利用後の お支払金額	お支払金額 （税込・サービス料 込）　　　　　　　15,890円

▌お支払方法の選択

🔘 オンラインカード決済とは

🔘 現地宿泊施設でお支払い
⚪ オンラインカード決済でお支払い
※オンラインカード決済は、予約成立と同時に決済処理が行われます。予約成立日がカード利用日となります。
※オンラインカード決済で「領収書」が必要な方は必ず こちら をご確認ください。
※「ポイント利用後のお支払金額」が0円の場合は、
　自動的にポイント利用額が100ポイント分減算され、100円の決済が発生いたします。
※オンラインカード決済をご利用いただく場合、安心してご利用いただくため、提携事業者が提供する
　不正注文検知サービスを利用します。
　ご利用者の個人情報、注文情報およびご利用の端末情報を提携事業者に必要な範囲内で提供いたします。

[上記に同意の上、次へ]

這個階段要選擇預定要 check in 時間、預訂的房間數量，並填寫要入住的男性、女性人數，接著點選頁面下方的「次へ」。如果對於抵達旅館的時間沒有把握，建議可選晚一點，避免超過時間而被取消訂房。

這個頁面會詢問是否利用點數支付（抵用）本次的住宿費，要不要使用都可以，接著點選藍色圖樣。

這時預約還沒成立，這個頁面要讓訂房者作最後確認。在這個頁面請詳細閱讀取消訂房的規定（キャンセル規定），並且務必遵守，以免造成旅館的困擾，或是影響到個人的信用。如果一切無誤，就可以點選下方的藍色圖樣，這時才正式完成預約，並且會得到一組訂房代號，請妥善保留，或是將預約畫面列印下來。

除了考量價格，旅館所在地的交通便利與否也很重要，可別為了一昧追求便宜，而住在需要長時間搭車或多次轉乘才能抵達的旅館（溫泉旅館除外）。另外也可以多看看旅館被評價的分數，以及旅客住宿後所留下的評語，這些對於旅館的選擇都很有參考價值。

Jalan：www.jalan.net/

檢查無誤後，點選藍色圖樣，按下才完成訂房。

じゃらん

❷ ヘルプ/お問合せ

ログアウ

宿泊予約　　予約内容入力　▶　支払情報入力　▶　予約前の最終確認　▶　予約完了

🔒 このページはSSLを使った暗号化モードで表示されています。

予約前の最終確認 – 天然温泉加賀の湧泉　ドーミーイン金沢

[！] 予約はまだ成立していません。

予約内容をご確認の上、[予約を確定する]ボタンを押してください。

ボタンを押すと天然温泉加賀の湧泉　ドーミーイン金沢との宿泊契約が成立します。

虚偽情報を入力された場合、予約キャンセルになる恐れがありますので、正しい情報をご入力ください。
Notice ／ 주의 사항 ／ 注意事項（簡体）／ 注意事項（繁體）

宿泊内容

宿泊施設	天然温泉加賀の湧泉　ドーミーイン金沢
宿泊プラン	ポイント2％　【朝食付き】目の前で焼くオムレツが好評!!和洋バイキング付プラン♪【天然温泉大浴場完備】🍴 朝のみ
部屋タイプ	【禁煙ダブルルーム】Wi-Fi完備
チェックイン日	2018年4月9日
泊数	1泊
チェックイン予定時間	24:00 チェックイン予定時間に遅れる場合は、必ず宿泊施設へご連絡ください。
部屋数	1部屋

その他

宿泊施設からの質問	■タワー式立体駐車場は到着順で15時〜11時迄で¥1,000となっております。 車長：5.30m　車高：2.10m　車幅1.85m（最低地上高10㎝）重量2.3ｔ迄 ※エアロパーツ仕様・タイヤインチアップ等改造車のご利用いただけません。 ※上記車輌の損傷等は一切責任を負いません。 ※満車の場合は近隣駐車場へご案内、また駐車料金はお客様でご負担となります。 ■当日お客様とご連絡が取れる電話番号(携帯電話など)をお教えください （回答）　0975593522

予約金・キャンセル規定・料金特記

予約金　　❷ 予約金とは	キャンセル規定　　❷ キャンセル規定とは
予約金：不要	一人当たりの料金（ルームチャージはルームあたり） 1日前　　　　　　：宿泊料金の50％ 当日　　　　　　　：宿泊料金の100％ 無連絡キャンセル：宿泊料金の100％

料金特記

メールマガジン配信

宿泊施設からの メルマガ	受け取る

ご予約の際には、じゃらんnet宿泊施設等予約サービスご利用規約、リクルートID規約、Ponta Web会員規約 及び プライバシーポリシー をご確認下さい。

上記に同意の上、
予約を確定する

‖手機必載 APP 推薦

tenki.jp

日本的天氣預報準確性很高，報導也很仔細。推薦可以利用這款「日本氣象協會」所開發出來的「tenki.jp」APP，隨時掌握天氣狀況，並可查詢分時的氣溫及降雨情形，如果發生地震也會立刻通報，是旅途中最好的幫手。

Yahoo! 乘換案內

如果行程以搭乘鐵道為主，手機裡一定要有一款提供乘車資訊的 APP。有計畫的旅人在行前通常都會將預定搭乘車次查詢好，不過旅程之中難免會遇上非預期的狀況，需要調整班次，這時轉乘資訊APP就能派上用場。不過日本這類型的APP還真不少，該下載哪一個？日本專家最推薦的一款就是「Yahoo! 乘換案內」，只要輸入出發、目的地及時間，就能查詢最佳的班次，連乘車月台都會清楚標示出來，使用介面清楚簡單，實用度100%。

Jspeak

這款由 NTT Docomo 開發的語音翻譯軟體，可說是不會日語的朋友旅行時與日本人溝通的救星，講中文就能即時翻譯成日文，正確性亦頗高，相信可以減少許多與日本人雞同鴨講的情況。

北陸必嚐美食與伴手禮

9 大美食

近江町市場海鮮丼

ハントンライス

富山白蝦

黑拉麵

鱒壽司

寒鰤料理

越前甜蝦丼

おろし蕎麥麵

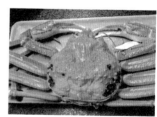
福井越前蟹

伴手禮哪裡買？

●金澤

JR金澤車站觀光案內所對面的「おみやげ処金沢」（土產處金澤）及「金澤百番街あんと」，是石川當地特產最齊全的地方，舉凡銘菓、珍味、各式工藝品都能買到，土產處金澤裡還有販售總類豐富的「駅弁」（鐵路便當），常見許多要搭車的旅客趕在搭車前在此選購。

金澤銘菓的品質享譽日本

おみやげ処金沢

土產處金澤販售的「駅弁」

●富山 / 新高岡

JR富山車站的「きときと市場とやマルシェ」，賣場規模雖不若金澤百番街，也完整網羅了富山縣內的各式特產，舉凡和菓子、地酒、錫製品等，都能在此一站購足。

JR富山車站的「きときと市場 とやマルシェ」

人潮較少的JR新高岡車站內，設有展示高岡銅器、高岡漆器、井波彫刻等傳統工藝的藝廊「MONONO-FU」，對面也有一伴手禮處，採購也很方便。

JR新高岡車站「MONONO-FU」

●福井

除了在JR福井車站內的賣店能買到許多當地特產，更推薦到西口的新名所「Hapiring」（ハピリン）逛逛，1樓的「かゞみや」（ICAGAMIYA）及2樓的「福福館」及「Kirai」匯集眾多福井當地土產，連越光米都可以買到。另外，永平寺前的許多店家均有販售胡麻豆腐，是當地名物。

Hapiring

福井 ICAGAMIYA

福井土產

人氣伴手禮

石川縣

金箔咖啡

銘菓清香室町

本釀造加賀美人

園八あんころ餅

棒乃菓寮

加賀八幡起き上がり

五郎島金時 Pocky

金澤布丁

娘娘万頭

加賀棒茶

ビーバー

俵屋麥芽糖

YUKIZURI

洋風落雁

錫製品

白蝦仙貝

反魂旦

甘金丹

月世界

福井縣

稲ほろり

福井越光米

五月瀬煎餅

眼鏡堅麵包

胡麻豆腐

羽二重餅

北陸住宿推薦

20 間 CP 值高，且交通便利的優質旅館推薦。

●金澤市區

AB ホテル金沢 AB Hotel 金澤	⊘ Check in：15:00 Check out：11:00 ⊤ 076-221-1305 ⍒ 920-0032 石川縣金澤市廣岡 1 丁目 9 番 25 号 Ⓦ https://www.ab-hotel.jp/kanazawa/	附設大浴場，並提供免費早餐，金澤車站西口徒步 1 分鐘，立地絕佳，樓下就有餐廳和便利商店。 
ホテルマイステイズ金沢キャッスル Hotel My Stays Kanazawa Castle	⊘ Check in：15:00 Check out：11:00 ⊤ 076-223-6300 ⍒ 920-0852 石川縣金澤市此花町 10-17 Ⓦ https://goo.gl/EFD43J	JR 金澤車站東口徒步 3 分鐘，2016 年 4 月 1 日全館改裝、附大浴場
ホテルエコノ金沢駅前 Hotel Econo 金澤站前	⊘ Check in：15:00 Check out：10:00 ⊤ 076-223-2600 ⍒ 920-0852 石川縣金澤市此花町 8-8 Ⓦ http://www.greens.co.jp/kanaeki	JR 金澤車站東口徒步 3 分鐘，含免費早餐 
ヴィアイン金沢 Via Inn 金澤	⊘ Check in：15:00 Check out：10:00 ⊤ 076-222-5489 ⍒ 920-0858 石川縣金澤市木ノ新保町 1-1 Ⓦ https://www.viainn.com/kanazawa/	JR 金澤車站內唯一的旅館，下雨天也不用擔心 
アパホテル金沢駅前 Apa Hotel 金澤車站前	⊘ Check in：15:00 Check out：11:00 ⊤ 0570-008-111 ⍒ 920-0031 石川縣金澤市広岡 1-9-28 Ⓦ https://www.apahotel.com/	JR 金澤車站西口徒步 1 分鐘，大浴場、三溫暖、露天風呂完備
東横イン金沢兼六園香林坊 東横 Inn 金澤兼六園香林坊	⊘ Check in：16:00 Check out：10:00 ⊤ 076-232-1045 ⍒ 920-0961 石川縣金澤市香林坊 2-4-28 Ⓦ https://goo.gl/aVbmFD	從 JR 金澤車站搭公車在香林坊下車徒步 1 分鐘，周邊是繁華的商業區

| OMO5 金沢片町
OMO5 金澤片町 | ⊙ Check in : 15:00 Check out : 11:00
Ⓣ 050-3134-8095
㊀ 920-0981 石川縣金澤市片町 1-4-23
Ⓦ https://hoshinoresorts.com/ja/
hotels/omo5kanazawakatamachi/ | 星野集團 2022 年開業的都市型旅館，位於金澤的繁華街片町，開幕後一直維持高人氣。
 |

| 金沢マンテンホテル駅前
金澤 Manten Hotel Ekimae | ⊙ Check in : 14:00 Check out : 10:00
Ⓣ 050-2017-8989
㊀ 920-0022 石川縣金澤市北安江 1-6-1
Ⓦ https://www.manten-hotel.com/
kanazawa/ | JR 金澤車站西口徒步 5 分鐘，附大浴場 |

| ダイワロイネットホテル金沢
Daiwa Roynet Hotel 金澤 | ⊙ Check in : 14:00 Check out : 11:00
Ⓣ 076-224-7755
㊀ 920-0849 石川縣金澤市堀川新町 2-20
Ⓦ https://www.daiwaroynet.jp/
kanazawa/ | JR 金澤車站東口徒步 2 分鐘，大和皇家的商務旅館 |

| ANA クラウンプラザホテル金沢
ANA Crowne Plaza 金澤 | ⊙ Check in : 14:00 Check out : 11:00
Ⓣ 076-224-6111
㊀ 920-8518 石川縣金澤市昭和町 16-3
Ⓦ http://www.anacrowneplaza-kanazawa.jp/ | 與 JR 金澤車站東口接鄰，整體評價高
 |

●富山 / 高岡

| 富山地鉄ホテル
富山地鐵 Hotel | ⊙ Check in : 15:00 Check out : 11:00
Ⓣ 076-442-6611
㊀ 930-0003 富山縣富山市桜町 1-1-1
Ⓦ http://chitetsu-hotel.com/ | 與 JR 富山車站南口連結，樓下有 Alpis 超市 |

| コンフォートホテル富山駅前
Comfort Hotel 富山站前 | ⊙ Check in : 15:00 Check out : 10:00
Ⓣ 076-433-6811
㊀ 930-0007 富山縣富山市宝町 1-3-2
Ⓦ https://www.choice-hotels.jp/
toyama/ | JR 富山車站南口正面徒步 2 分鐘，免費早餐豐盛 |

| ホテルプライム富山
Hotel Prime 富山 | ⊙ Check in : 15:00 Check out : 11:00
Ⓣ 076-441-5050
㊀ 930-0003 富山縣富山市桜町 2-3-25
Ⓦ https://www.h-prime.jp/ | 免費早餐 6 點開始供應，JR 富山車站徒步 3 分鐘 |

ホテルアルファーワン富山駅前 Hotel alpha1 富山站前	⏲ Check in：14:00 Check out：11:00 ☎ 076-433-6000 🏠 930-0002 富山縣富山市新富町 1-1-1 🌐 http://www.alpha1toyama.jp/	JR 富山車站南口正面，有免費早餐及大浴場
富山第一ホテル 富山第一 Hotel	⏲ Check in：14:00 Check out：11:00 ☎ 076-442-4411 🏠 930-0082 富山縣富山市桜木町 10-10 🌐 https://goo.gl/AZ4xxF	阪急阪神第一旅館系列，評價分數高
東横イン新高岡駅新幹線南口 東横 Inn 新高岡站新幹線南口	⏲ Check in：16:00 Check out：10:00 ☎ 0766-27-2045 🏠 933-0852 富山縣高岡市下黒田 3015 🌐 https://goo.gl/3zscvT	從 JR 新高岡站南口出站後就在眼前，Aeon 徒步 10 分鐘內可達
スマイルホテル高岡駅前 Smile Hotel 高岡站前	⏲ Check in：15:00 Check out：10:00 ☎ 0766-29-0055 🏠 933-0871 富山縣高岡市駅南 5-7-13 🌐 http://smile-hotels.com/hotels/show/takaokaekimae	高岡車站瑞龍寺口徒步 2 分鐘，早餐只要加價 500 日圓

●福井

福井マンテンホテル駅前 福井曼藤伊可瑪酒店	⏲ Check in：14:00 Check out：11:00 ☎ 0776-20-0100 🏠 910-0006 福井県福井市中央 1-11-1 🌐 https://www.manten-hotel.com/fukui/	福井車站西口徒步 1 分鐘，附設露天浴場並提供免費和洋式早餐，帶有小奢華感的商務旅館 
ホテルエコノ福井駅前 Hotel Econo 福井站前	⏲ Check in：15:00 Check out：10:00 ☎ 0776-23-5300 🏠 910-0859 福井縣福井市日之出 1-1-17 🌐 http://www.greens.co.jp/hefukui/	JR 福井車站東口徒步 1 分鐘，含免費早餐 
福井フェニックスホテル 福井 Phoenix Hotel	⏲ Check in：15:00 Check out：11:00 ☎ 0776-21-1800 🏠 910-0005 福井縣福井市大手 2-4-18 🌐 http://phoenix-hotel.jp/	JR 福井車站西口徒步 3 分鐘，提供 1 泊 2 食方案

北陸主要觀光地圖

石川縣

・和倉溫泉 P.118
七尾 P.116

金澤
・兼六園 P.59
・金澤城 P.73
・茶屋街 P.89
・近江町市場 P.77
・鈴木大拙館 P.98
・鼓門 P.53
・金澤21世紀美術館 P.69

加賀溫泉 P.101
・山中溫泉 P.104
・片山津溫泉 P.110

富山縣

富山灣 P.161

冰見 P.169

雨晴海岸 P.164

岩瀬 P.141

高岡 P.146
瑞龍寺 P.152
高岡大佛 P.148

富山 P.129

黑部峽谷 P.190

城端 P.177

黑部水庫 P.203

五箇山 P.185

福井縣

東尋坊 P.237
三国 P.241

福井城跡 P.224

永平寺 P.232

福井恐龍博物館 P.252

一乘谷朝倉氏遺跡 P.220

越前大野城 P.257

P.260 敦賀

最佳行程規劃

金澤一日漫遊
金澤在地人建議加賀百萬石之町可以這樣玩！

①兼六園
②21世紀美術館

③近江町市場（壽司、海鮮丼…）・中島めんや

④東茶屋街（主計町茶屋街）

⑤忍者寺・西茶屋街
⑥香林坊・片町

金澤高岡歷史巡禮 3 日遊

第一天
金澤市內
（兼六園、石浦神社、金澤城、東茶屋街、忍者寺、
西茶屋街）

第二天
JR 金澤
▼
JR 加賀溫泉（山代溫泉、山中溫泉、鶴仙溪）
▼
高岡車站

第三天
高岡大佛
▼
高岡古城公園

▼
瑞龍寺

▼
JR 城端（越中小京都）

特色鐵道 4 日遊

第一天
JR 金澤
▼
北陸新幹線
▼
JR 黑部宇奈月溫泉車站 / 新黑部車站

▼
富山地鐵
▼
宇奈月溫泉
▼
黑部峽谷鐵道（宇奈月～欅平）

第二天
JR 金澤
▼
花嫁暖簾列車
▼
JR 七尾（一本杉通）

▼
JR 和倉溫泉（加賀屋）

第三天
JR 金澤
▼
JR 新高岡
▼
べるもんた

JR 城端
▼
高岡車站
▼
忍者哈特利列車
▼
JR 冰見
▼
高岡車站

第四天
高岡車站
▼
哆啦 A 夢列車
▼
海王丸

高岡車站
▼
JR 富山
▼
富山 LRT
▼
岩瀨、富岩運河公園 (星巴克)

北陸 7 日全覽

第一天
(同金澤一日漫遊)

第二天
JR 金澤
▼
JR 加賀溫泉(山中溫泉、鶴仙溪)
▼
JR 金澤(鈴木大作館、尾山神社、武家屋敷)
▼
JR 新高岡

第三天
JR 新高岡
▼
黑部峽谷鐵道
▼
宇奈月溫泉街
▼

JR 富山
▼
岩瀨散步
▼
JR 新高岡

第四天
高岡 (高岡おとぎの森公園、瑞龍寺、高岡大佛)
▼
JR 雨晴 (雨晴海岸)
▼
JR 冰見 (漫畫路、冰見番屋街)

第五天
JR 新高岡
▼
JR 礪波 (鬱金香四季彩館)
▼
JR 城端 (越中小京都)
▼
五箇山合掌村

第六天
JR 新高岡
▼
JR 福井 (東尋坊、三國湊町、福井城)

第七天
福井 (永平寺、丸岡城、恐龍博物館)

北陸 交通攻略

▌▌▌北陸機場

　　北陸沒有國際機場，不過仍有兩座地方機場和台灣之間開闢直飛航線。

富山空港

　　由華航營運桃園到富山的定期航班。富山空港規模不大，距離市區很近，搭乘空港巴士（由富山地方鐵道經營）約20分鐘即能抵達JR富山車站，票價420日圓，巴士班次和飛機抵達時刻有搭配；搭乘計程車前往高岡市的車資是3,500日圓（需事先預約）。

Info　富山空港：http://www.toyama-airport.jp/

小松空港

　　小松空港位於石川縣金澤市的西南邊，由長榮和虎航經營從桃園往返的定期航班。空港距離金澤市區稍遠，搭乘利木津巴士在1號站牌上車，需40分鐘，車資1,300日圓，車票在站牌旁的自動售票機購買。

　　另一種方式是先搭巴士到JR小松車站（3號站牌，12分鐘，280日圓），然後轉搭JR北陸本線前往金澤，特急列車車程約20分鐘，車資1,270日圓，搭普通車只要510日圓，時間則要30分鐘以上。

Info　小松空港：http://www.komatsuairport.jp/

如何從東京、大阪前往北陸

從東京出發

如果你是飛往東京，打算前往北陸旅遊的話，北陸新幹線會是最佳的選擇。無論利用的是成田空港或是羽田空港，抵達後都必須先前往JR東京車站，再轉搭北陸新幹線，平均每個小時有2～3班車可前往富山與金澤。有兩種車款可以選擇，其中「かがやき」（光輝號）行車時間較短，從東京車站出發後，沿途只停靠上野、大宮、長野、富山，最快只要2小時25分鐘即能抵達金澤。2024年春天，北陸新幹線往西延伸到福井縣的敦賀開業，從東京出發，2小時53分就能前往福井。

另一款是「はくたか」（白鷹號），停靠車站較多，東京到金澤間的行車時間也拉長到3小時左右。由於東京與金澤兩地間行車距離長達450.5公里（相當於搭台灣高鐵從台北到台南，再折返回台中的距離），新幹線的車資也很可觀，搭乘全車只有指定席的光輝號票價為14,380日圓，搭乘白鷹號的自由席為13,850日圓。

從大阪出發

飛往關西空港的遊客，可以直接從JR關西空港車站搭乘特急「はるか」（遙號）到JR大阪車站（或是JR京都車站），再轉乘特急「サンダーバード」（雷鳥號），即可前往福井、金澤。雷鳥號是關西地區往返北陸的運行主力，也是當地人都熟悉的交通選項。

特急はるか

從JR關西空港車站出發前往金澤，所需時間約3小時30分鐘（含轉車時間），指定席車資10,620日圓。如果旅程的安排是先在大阪觀光，再從JR大阪車站出發前往金澤，雷鳥號車程最快2小時31分鐘，指定席車資7,990日圓。2024年春天北陸新幹線延伸到敦賀後，從JR大阪車站搭乘雷鳥號抵達JR敦賀車站，就能轉乘北陸新幹線，前往金澤的時間將能縮短約30分鐘。

如果目的地是富山，則必須在抵達JR金澤車站後轉搭北陸新幹線，或是搭乘傳統鐵道「IRいしかわ鉄道」（IR石川鐵道）及「あいの風とやま鉄道」（愛之風富山鐵道）前往。

特急雷鳥號

▌ 超值首選JR 西日本鐵路周遊券

　　針對外國觀光客到北陸旅行的需求，JR西日本發行了兩款可在北陸使用的周遊券：「關西&北陸地區鐵路周遊券」及「北陸地區鐵路周遊券」，都相當受到歡迎。

關西&北陸地區鐵路周遊券

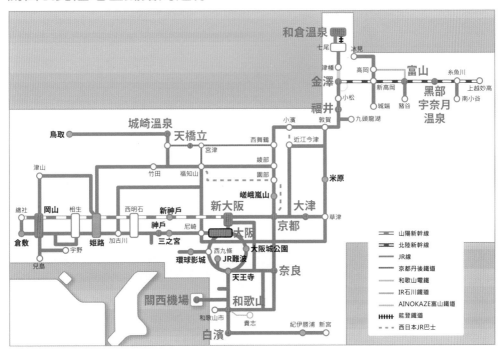

　　對於要從關西空港進出欲前往北陸的遊客來說，最推薦的當屬這張「關西&北陸地區鐵路周遊券」。有效期7天，需連續使用，透過代理旅行社或售票網站購買售價是17,000日圓（6～11歲兒童為8,500日圓），如果在JR西日本官網預訂，或是抵達日本才買，售價分別是18,500日圓及19,000日圓，價格貴了不少。台灣許多大旅行社均有代售，建議可在台灣先購入交換券（MOC）或E-ticket，抵達日本後再到指定車站櫃檯，或利用「綠色售票機」兌換實體車票。

　　關西&北陸地區鐵路周遊券17,000日圓的票價乍看似乎有點貴，其實非常超值，從前面提到關西空港到金澤的車資就可以看得出來。這段區間的指定席車資是10,620日圓，7天之中只要往返一趟就已經

值回票價，更別說抵達北陸後可以將北陸新幹線（金澤↔上越妙高區間）當成地下鐵來搭。以旅客最常利用的金澤到富山區間來說，單程就要3,390日圓，多搭個幾趟往返北陸兩大城市，還真有賺到的感覺。

這張鐵路周遊券除了完整涵蓋關西&北陸地區，最南到和歌山縣、往西可搭到岡山、鳥取，最東邊則可抵達新潟縣的上越妙高，使用範圍非常廣，短短7天要全部跑遍很困難，為了多賺回一些車資一昧的搭車會變成只是走馬看花，也喪失了旅行的樂趣，建議鎖定北陸地區即可。

這張周遊券在使用上有些注意事項：

1. 兌換後必須連續7天使用。
2. 最多可乘坐指定座席6次（需先劃位），包含使用範圍內的新幹線。
3. 北陸新幹線往東只能搭到JR上越妙高車站，超出範圍必須補價差。
4. 不能搭乘新大阪到京都間的新幹線，因為這一段屬於JR東海的營運範圍。
5. 搭乘IR石川鐵道（金澤↔津幡區間）或愛之風富山鐵道（高岡↔富山區間）時，不能在中途的車站下車。
6. 如要攜帶3邊合計超過160公分、250公分以內的行李（即所謂「特大行李」）搭乘山陽新幹線，必須於乘車前預訂「特大行李放置處附帶席」。

Info JR西日本鐵路周遊券：https://www.westjr.co.jp/global/tc/ticket/pass/

北陸地區鐵路周遊券

這張北陸地區鐵路周遊券價格非常親民，只要5,090日圓（6～11歲兒童為半價2,540日圓）就能在4天內暢遊北陸，北陸新幹線金澤↔黑部宇奈月區間的自由席亦能無限制搭乘。以實際車資換算，只要搭乘一趟金澤到富山來回，就已經足以回本了。和「關西&北陸地區鐵路周遊券」相比，這張是屬於小範圍的周遊券，能利用的JR路網僅限於北陸三縣內，適合從小松空港或是富山空港進出的旅人。這兩張周遊券的使用須知大致相同，須留意的是「北陸地區鐵路周遊券」在北陸新幹線的使用範圍最東邊只到「黑部宇奈月車站」，因為下一站「糸魚川」已經跨入新潟縣，不在乘車區間內，這一張周遊券還真是相當謹守使用範圍呢。

除了可以搭北陸地區的鐵道，這張周遊券與關西&北陸地區鐵路周遊券還有一項福利，就是可以搭乘金澤周邊特定的JR西日本巴士路線，各路線行駛地區或許有些不同，不過每一條在市中心時都會行經金澤市區各觀光景點，最遠可達富山縣的福光。班次上或許無法和「北鐵巴士」相比，不過對於旅費的節省也不無小補，大家可多多利用。

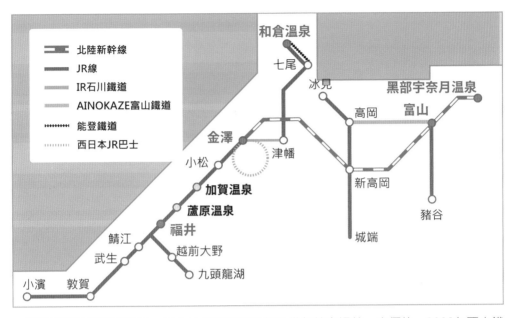

不過需要特別留意的是，日本的鐵路周遊券每隔幾年就會調整一次價格，2023年不少鐵路周遊券紛紛漲價，這兩張北陸地區的周遊券在2024年春天北陸新幹線延伸路段通車後，也必然會調整價格，購買前建議先上官網查詢確認。

兩種北陸地區鐵路周遊券比較

		關西&北陸地區鐵路周遊券	北陸地區鐵路周遊券
售價 （日圓）	海外購買或網路預約	1,7000(兒童8,500)	5,090(兒童2,540)
	日本購買	19,000(兒童9,500)	5,600(兒童2,800)
天數		7天	4天
北陸新幹線可搭乘區間		金澤↔上越妙高	金澤↔黑部宇奈月
網路預約取票JR車站		關西空港、大阪、新大阪、京都、小松、金澤、富山、新高岡、福井等	關西空港、大阪、新大阪、京都、小松、金澤、富山、新高岡、福井等
適合對象		從關西空港進出	從富山空港、小松空港進出

此外，JR東日本和JR西日本合作發行一款「北陸拱型鐵道周遊券」，可連續7天搭乘，範圍從東京成田空港，往北陸地方，再往西南串連至大阪關西空港的JR鐵道，就像一道拱型路線，營運中的北陸新幹線全路段亦完整包含在這張Pass裡面，售價是24,500日圓（在日本國內購買為25,500日圓），並不便宜，不過可搭乘使用區間內的新幹線和特急列車普通車「指定席」，適合從東京進出，或是要一次走訪關東及關西的旅客。

Info 北陸拱型鐵道周遊券：https://www.westjr.co.jp/global/tc/ticket/hokuriku-arch-pass/

▏▎北陸新幹線

2015年日本鐵道界最大的盛事，就是北陸新幹線「長野」到「金澤」間長達228.1公里的路段正式通車，北陸當地居民莫不以辦喜事的心情，歡欣鼓舞迎接3月14日的到來，媒體並以「半世紀的悲願」來形容縣民的期盼，因為從1965年這個構想浮現，足足花了50年的歲月才終於實現。

北陸新幹線一舉大幅拉近首都圈與北陸的距離，最快只要2小時8分鐘就能從東京抵達富山，「東京到金澤最速2小時28分」更是成為金澤當地每個人都能朗朗上口的一句話。電視節目、雜誌、旅遊書、旅行社順勢推出許多北陸特輯和行程，讓北陸新幹線有停靠的城市頓時熱鬧了起來，當中效益最明顯的當屬金澤，以人氣景點「金澤21世紀美術館」來說，2015年入館人數隨即大幅增加30%，創下開館11年來的最高紀錄，現在仍持續成長中。

北陸新幹線路線圖

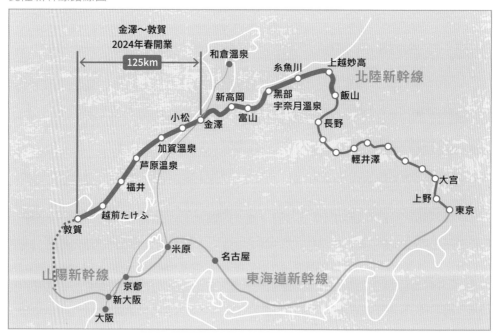

　　北陸新幹線從長野開始的路段，由東往西的車站為「飯山」、「上越妙高」、「糸魚川」、「黑部宇奈月溫泉」、「富山」、「新高岡」、「金澤」，列車停靠方式依停靠站數及行駛區間的不同，分成三種不同的車款，分別是「かがやき」（光輝號）、「はくたか」（白鷹號）、「つるぎ」（鶴來號）。

	金澤	新高岡	富山	黑部宇奈月溫泉	糸魚川	上越妙高	飯山	長野
光輝號	●		●					●
白鷹號	●	●	●	●	●	●	●	●
鶴來號	●	●	●					

註　鶴來號是僅行使金澤、新高岡、富山之間的接駁型列車。　●指部分班次有停靠

　　使用最新型E7及W7車輛的北陸新幹線，最高時速達260公里，大幅縮短城市間的交通時間，以北陸兩大城市金澤到富山為例，距離約60公里，利用傳統鐵路需55分鐘，搭乘新幹線足足縮短2/3的時間，最快只需18分鐘，即便途中多停靠新高岡車站，也只要22～23分鐘，比在都會中搭地下鐵通勤的時間還短。因此週一到週五的尖峰時刻搭乘這個區間，總會遇到許多服裝筆挺的上班族，自由席的搭乘率還滿高的。

　　金澤到富山的行車時間變得如此之短，對於持有「關西＆北陸地區鐵路周遊券」或「北陸地區鐵路周遊券」的外國旅客來說，行程和住宿的安排也變得更有彈性與便利，能依照自己的預算來選擇旅館。

　　不過需要留意的是，北陸地區鐵路周遊券只能搭乘自由席，所以不能搭全車均為指定席的光輝號；白鷹號和鶴來號的自由席設在1～4號車，排隊時可別走錯位置了。

1　|　2　|　3

1. 搭乘新幹線通勤的上班族
2. 北陸新幹線 E7 系 W7 系自由席內裝
3. 白鷹號自由席

⦀主要城市及景點間的鐵道移動時間

　　北陸地方各主要城市之間的距離相隔都不算太遠，以福井到金澤來說，約77公里，雖然目前這一段的北陸新幹線還沒通車，不過搭乘特急列車也僅要40幾分鐘；至於有北陸新幹線串連的城市，空間與時間的相對概念也隨之改變，金澤到新高岡只要13分鐘，新高岡到富山更只要8分鐘，通常位置還沒坐熱就得下車了。

　　至於近郊的景點，搭乘鐵路也很方便，無論是冰見與加賀溫泉，從主要城市出發，均是30分鐘以內的路程，稍遠一點的和倉溫泉或是小京都城端，也都在1小時內可以抵達。

主要城市間的鐵道移動時間

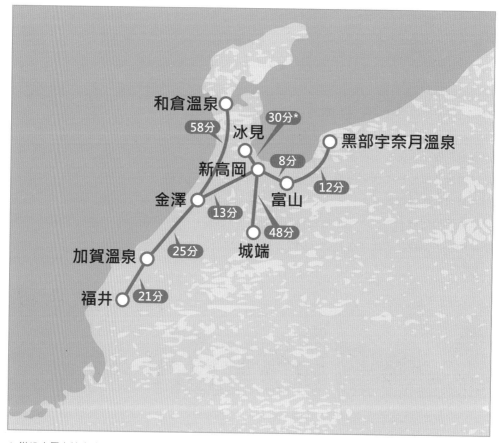

★ 從JR高岡車站出發計算的行車時間

石川縣

加賀百萬石與金澤兼六園

富山縣

石川縣

福井縣

金澤城

▌金澤：加賀百萬石之都

　　提到金澤，總會讓人有高雅富饒的第一印象。這源自江戶時代，治理加賀‧能登‧越中（即現在的石川縣及富山縣）三國的加賀藩，致力於政治、經濟、文化的發展，並領有大名中最高的102萬5千石石高，人文薈萃、盛極一時，當時的人口也僅次於江戶（東京）、大阪、京（京都）、名古屋，居全國第五，「加賀百萬石」於是成了日本人盡皆知的金澤代名詞。

　　開創這段歷史的是前田利家（1538～1599年），14歲以「小姓」（相當於武將身邊的隨扈）之職開始奉仕織田信長，年少氣盛又有武勇，擅使長槍，又被稱為「槍之又左」。前田利家21歲時與阿松結婚，一度因為衝動，斬殺了織田信長倚重的

前田利家與阿松像

下屬拾阿彌，差點丟了性命。被織田信長流放，前田利家沒有因此自我放棄，而是在戰場上屢屢立下功績。「賤岳之戰」（1583年）後，前田利家成為豐臣秀吉的重臣，入主「尾山城」（因前田利家出生尾長國，因此以「尾山城」為名，後來才改稱「金澤城」），是加賀藩的第一代藩主。在豐臣秀吉政權的晚年，前田利家晉身五大老之一，雄厚的實力，連後來的德川幕府也不得不忌憚三分。前田家共治理當地近3個世紀，直到明治4年（1871年）廢藩置縣為止。

NHK在2002年製播大河劇《利家與松～加賀百萬石物語》（利家とまつ～加賀百万石物語），由唐澤壽明飾演前田利家、松島菜菜子飾演利家的妻子阿松，播出時在日本全國創下高收視率，在石川縣的收視率更高達40%以上，為金澤帶起一波觀光熱潮。石川當地民眾至今依然非常感念為金澤奠定基礎的利家與阿松，提到兩人，一定是以「利家公」及「お松の方」來尊稱。

為紀念這段輝煌的歷史，每年6月的第一個週末都會在金澤市區舉辦「金澤百萬石祭」（金沢百万石まつり），至2023年已舉辦72次，祭典重現當年加賀藩前田利家率領家臣與軍隊，昂然入城的情景。在金澤車站的鼓門前，以太鼓演奏揭開序幕，百萬石的遊行隊伍隨後出發，經過尾山神社、香林坊，一路走到石川門進入金澤城，遊行隊伍聲勢浩大，搭配前一日在金澤神社的取水與祈福儀式，是每年初夏時金澤的最大盛事。自1984年起，金沢百萬石祭開始由知名演員扮演前田利家和阿松，對演員來說，能被選上是無比榮耀的一件事，2023年由歌舞伎演員市川右團次及女星紺野まひる擔綱演出。

百萬石祭是金澤的年度盛事（照片提供：金沢市）

金沢ふるさと偉人館

　除了這段金澤人都熟知的歷史，金澤和台灣之間其實也有著相當深的因緣，連結這段緣分的人，正是規劃嘉南大圳的日本技師「八田與一」（1886～1942年）。出生於金澤市的八田與一，從小即成績優異，東京帝國大學工學部土木科畢業後，任職於台灣總督府內務局土木課，完成桃園大圳的水利工程，獲得很高的評價。致力於工作的八田，年過30卻依然未婚，在家人焦急的催促下，才回到金澤，與小他15歲的外代樹結婚，不久後再次回到台灣，繼續發揮土木長才。

（照片提供：金沢市）

INFO

金沢ふるさと偉人館

🕐 9:30～17:00

🈺 星期一、年末年始（12月29日～1月3日）

💲 310日圓（高中下免費）

🚌 搭乘市內公車在「本多町」下車，徒步2分鐘

🏠 石川縣金澤市下本多町6-18-4

🌐 www.kanazawa-museum.jp/ijin/

當時的嘉南平原空有廣大的面積，卻因灌溉設備不足，是不折不扣的旱田，又被稱為「看天田」。八田與一對嘉南平原進行詳細的調查後，1917年向總督府提出名為「官佃溪埤圳」的大型計畫，因工程經費龐大，未受到認同，不過隔年因日本國內米的供應嚴重短缺，價格飛漲，富山縣魚津町發生了一件後來在全國超過百萬人參與的民眾暴動事件，稱為「米騷動」，幾乎要動搖國本，才使得總督府改變態度，在台灣必須要自籌部分財源的條件下，同意興建。

1919年八田與一開始籌備工程相關事宜，並擔任這項工程的總指揮，從1920年到1930年，歷時十年的艱辛工程，終於完成有效蓄水量達1億5千萬立方公尺的烏山頭水庫，以及嘉南平原一帶總長度達16,000公里的水道，就是直到現今依然繼續嘉惠當地農民的嘉南大圳，這項水利工程讓嘉南平原不再只能看天吃飯，農產量也大幅成長。為了感念他對臺灣農業的貢獻，每年的5月8日，台南市都會為八田技師舉辦追思紀念活動。八田與一坐在地上，右手指捲著頭髮、手肘放在膝蓋上沉思模樣的銅像，就矗立在烏山頭水庫旁，不遠處則有「八田與一紀念園區」。位在金澤市區的「金澤市立故鄉偉人館」（金沢ふるさと偉人館）內，也詳細介紹了八田與一的相關事蹟。

有了八田與一這一層關係與羈絆，帶動了台灣與日本許多官方和民間的交流，八田與一兒時在金澤就讀的「花園小學校」，即與當時為了建造嘉南大圳隨行來台日籍工程人員子女而設立的「嘉南國小」締結為姊妹校，2014年加賀市和台南市簽訂友好都市協定，每年都有交流活動，2015年11月在金澤市舉辦的第一屆「金澤馬拉松」（金沢マラソン2015），台南市還特別包機組團參加，雙方友誼日益深厚。

烏山頭水庫旁的八田與一銅像

　　目前台灣現存最古的百貨公司、位在台南市的「林百貨」，也與金澤有著深厚的淵源。台南人俗稱「五層樓仔」的林百貨是由來自金澤的建築師「梅澤捨次郎」（1890～1958年）所設計，於1932年完成，館內擁有全台灣第一座電梯（流籠），當時林百貨店就代表著時尚與新潮。梅澤捨次郎不只設計林百貨店，日治時期這一帶稱為「末廣町」，日本人希望打造成媲美東京的銀座，整排街屋（末廣町店舖住宅）均由他設計；其他經典作品還包括使用大量抓紋磚（scratch tile）的「台南市美術館1館」（原「台南警察署廳舍」），這兩棟都是當地人很熟悉的建築，梅澤捨次郎可說為台南留下許多充滿時代記憶的寶貴資產。

對旅人的款待：JR金澤車站

2015年北陸新幹線的通車，沿途增設了幾座嶄新的車站，既有車站也進行大幅度的整備，JR金澤車站早在2005年即配合工程的進展，進行車站大改造，其中最吸引人目光的，當屬「鼓門」（つづみもん），獨特醒目的造型，成為經常在日劇出現的景點，例如在2018年初播映的《99.9-刑事專門弁護士-SEASONⅡ》，即有一幕尾崎舞子律師（木村佳乃飾）與苦命的助理明石達也（片桐仁飾），拿著眾多資料從堂皇的鼓門走出來與深山大翔（松本潤飾）不期而遇，華麗的場景，令人心嚮往之。

鼓門前的文字水池

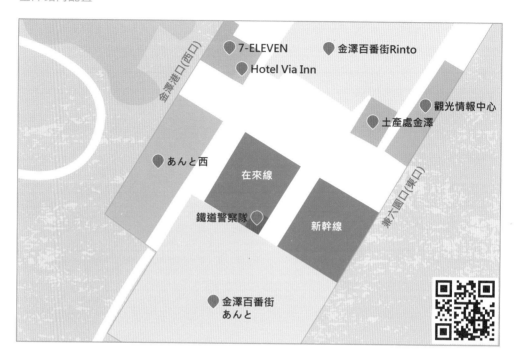

這座鼓門以日本傳統藝能「能樂」所使用的樂器為靈感設計，兩根高達13.7公尺的柱子，以交錯的木頭結構，撐起大片格子狀曲面的屋頂，展現日本傳統工藝之美。2011年JR金澤車站被美國雜誌《Travel + Leisure》選為「世界最美的車站」之一，也是日本唯一入選的車站，聲名大噪，如今更已成為當地的地標，知名度不下「兼六園」。鼓門讓車站不再只能負擔運輸功能，經由巧思和遠見，轉變為觀光客來到金澤必定要造訪的景點。JR金澤車站以現代的建築語彙完美詮釋傳統，既沉穩又威風凜凜的姿態，被評為「四百年後一定會被列入世界遺產」的鐵道車站。

1 | 2 | 3

1. 鼓門大片格子狀曲面的屋頂
2. JR 金澤車站筆直的中央通道
3. JR 金澤車站新幹線剪票口

緊接在鼓門後方的是大片的玻璃拱廊，挑高的天井，由3,019片強化玻璃及6,000根鋁合金管所打造而成，一直延續到車站入口，稱為「款待Dome」（もてなしドーム）。會這樣設計是有原因的，石川縣是全日本最多雨的地方，年均降雨日數經常超過一半（如2012年就多達187天），因此出門帶傘比記得帶便當還重要，車站前這樣的設計，彷彿為旅客撐起一把大傘，展現對觀光客的貼心與款待之意。

曾獲「直木賞」的作家村松友視說：「日本第一座有著玻璃圓頂的車站這個嶄新的構想，以及為你撐一把傘的這份古老待客之心融合在這座車站裡，可說是具現代金澤獨有的感性。」

JR 金澤車站的「款待 Dome」

JR金澤車站是北陸第一大站，不過和宛如迷宮的大阪、東京、新宿這些車站相比，就顯得小巫見大巫了。車站的動線清楚，從兼六園口（東口）進入，筆直寬敞的中央通道將車站一分為二，左邊依序是新幹線的閘門與在來線的閘門，兩者之間有通道連接至「金澤百番街あんと（註）」，集合多家美食餐廳和土產店，幾乎當地所有的名物特產都能在此買到。中央通道右手邊全是商業設施，名為「金澤百番街Rinto」，設有大型的觀光情報中心及伴手禮處，並利用高架鐵路下的寬敞空間，引進服飾、雜貨、麵包、餐廳、咖啡店⋯⋯約70家店舖；靠近西口則是「あんと西」，有超市、7-ELEVEN、藥妝店、吉野家，整個車站內的賣場和百貨公司沒有兩樣，即便遇到天候不佳不適合戶外行程，在JR金澤車站也能消磨許多時光。

1/2

1. 金澤百番街 Rinto
2. JR 金澤車站內的大型觀光情報中心

註 あんと為金澤的方言，是「ありがとう」謝謝的意思。

あんと入口的陶壁作品「日月の煌き」，由國寶級陶藝家十代大樋長左衛門製作，展現從江戶時代流傳至今的大樋燒工藝。車站大廳的柱子也很有巧思，每根立面都以不同的石川當地傳統工藝詮釋，有九谷燒、山中漆器、輪島塗、珠洲燒、金澤漆器……，讓車站就像一座傳統工藝博物館，展現金澤過人的文化實力，值得花點時間細細品味。

　　文史專家謝哲青在《絕美日本》中曾對金澤的工藝成有一段清楚的敘述：「利家及他的兒子利長，把政治上的不如意，轉為對文化的專注，振興了地方工藝，也吸引不少人才。尤其是在江戶的『米開朗基羅』本阿彌光悅拜訪後，吸引了第一流的工匠與藝術家前來定居，開啟了加賀藩在寬永時代的文藝復興。」

　　這些絢爛高雅並富有高超手藝所傳承下來的精緻文化，如今在金澤車站內就能一次飽覽，不但是對本身傳統文化的自信展現，也是最好的宣傳，讓人不得不佩服車站規劃時的用心，或許當初車站的設計者就是把金澤車站當成一件巨大的藝術作品來打造吧。

日月の煌き

JR 金澤車站大廳的柱子均以傳統工藝詮釋

騎まちのり暢遊金澤（照片提供：まちのり事務局）

▐▐▐ 騎小綠遊金澤

金澤市區內的觀光景點相當集中，以JR
金澤車站為起點，近江町市場、香林坊或是
稍遠一點的兼六園、金澤城都在步行可及的
範圍，不過還有更省時省力的方法，就是利
用金澤市的公共自行車租賃服務：「まちの
り」（註）（Machi-nori），站點遍佈市區各
觀光景點，是很方便的共享自行車系統。

まちのり已全數升級為電動自行車（照片提供：
まちのり事務局）

原本Machi-nori都是一般腳踏車，金澤市在2020年將原本的系統整個砍掉重練，全面升
級改為電動輔助車款，騎乘舒適度大幅度提升，租借的站點一口氣擴增至七十餘站，電動
自行車數量也增加至五百台，雖然遇到像是黃金週的大型連假時，仍偶爾會遇到一車難求
的狀況，但已比以前改善許多。

升級後的電動輔助自行車租借費用依然相當親民，如果預先登錄成為會員的話，第一次
使用前半小時只要165日圓，之後每30分鐘追加110日圓。也有免登錄的方案，可在有人
服務的窗口以1,650日圓購買1日Pass，就能利用鑰匙磁卡（カードキー）租借。

借用方式很簡單，在租借站選好自行車後，按坐墊下方操作面版的Enter鍵，然後以鑰
匙磁卡感應接觸就能解鎖。還車時先將車輛停靠好，然後鎖上車身鎖，這時面板上會顯示
「施錠」，再按下Enter鍵，確認「返卻」的字樣出現就還車成功了。

註 まちのり寫成漢字是「町乘り」或「街の利」，有「在城市騎車」，也有「街道之利」的雙關涵義。

下載 APP 能查詢站點位置
（照片提供：まちのり事務局）

まちのり的租賃站

　　如果不想買鑰匙磁卡，也可到位在JR金澤車站東口前不遠的「Machi-nori事務局」租借，有電動及一般腳踏車兩種款式可以選擇，電動自行車4小時內的費用700日圓（超過4小時為1千日圓），一般腳踏車500日圓，服務時間是9:00～18:00，也就是說必須在傍晚6點前要回到事務局歸還。

　　金澤市區的觀光景點大致來說相當集中，只要不迷路，點與點之間利用電動自行車移動的時間通常不會超過20分鐘，可參考以下範例。

JR金澤車站 ——1.4公里·約7分鐘→ 近江町市場 ——1.1公里·約6分鐘→ 東山A·秋聲の
（東茶屋街）

みち ——1.7公里·約9分鐘→ 金澤21世紀美術館 ——0.7公里·約3分鐘→ ローソン本多町
（鈴木大拙館）

三丁目店 ——1.5公里·約8分鐘→ 西茶屋街 ——2.8公里·約15分鐘→ JR金澤車站

　　盛產金箔的金澤，還特別打造五輛「金箔號」，用真正的金箔裝飾龍頭、籃子與車檔，金光閃閃的模樣，騎在大街上想不吸引他人目光都難，僅有百分之一的機率，如果正好看到空車的話手腳要快。

　　Machi-nori事務局在營業時間內也提供寄放行李服務，兩件後背包只要300日圓，行李箱則是500日圓，比起一般置物櫃便宜許多，可善加利用。

　　選個沒有下雨的日子，騎著Machi-nori來暢遊金澤吧。

INFO

まちのり事務局

🕘 9:00～18:00
🚃 JR金澤車站徒步2分鐘
🏢 石川縣金澤市此花町 3-2（ライブ1ビル 1F）
🌐 http://www.machi-nori.jp/

日本三大名園：兼六園

　　來到金澤旅遊，最適合從一大早就開放的「兼六園」展開一天的行程。先在JR金澤車站前的「北鐵巴士」（北鉄バス）窗口，用銅板價600日圓買一張公車1日券（北鉄バス1日フリー乘車券），就能暢遊金澤市區各主要景點。

　　金澤市區公車路線規劃的很好，其中有3條專跑觀光景點的路線，「城下まち右回りルート」（城下町順時針路線）、「城下まち左回りルート」（城下町逆時針路線）、「兼六園シャトル」（兼六園接駁巴士），然而這三條路線都在8:30以後才開始發車。不過沒關係，市區有太多路線都經過兼六園，所以也可搭乘一般的路線公車，前往這座北陸第一名園，只要在200日圓的區間內，都是北鐵公車1日券可以使用的範圍，如果有北陸地區鐵路周遊券，也可以搭JR西日本巴士前往。

　　金澤兼六園和岡山「後樂園」、水戶「階樂園」並稱為日本三大名園，各有擅長，不過兼六園應該是許多人心中評價最高的一座，在日本旅遊網站「ぐるなび」所作的全國庭園的人氣排行榜中，也高居第一。

城下町逆時針路線公車

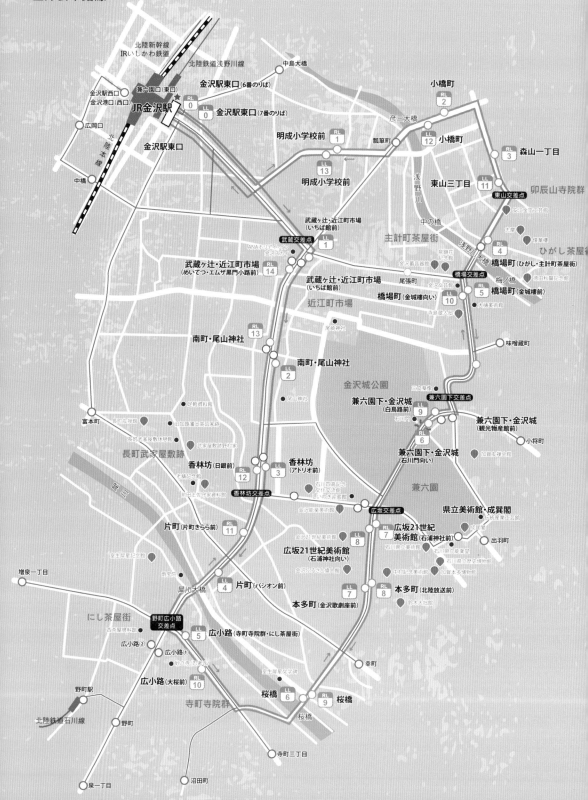

金澤公車路線

蓬萊島象徵長壽的烏龜造景

　　庭園可說是由建築、山水、植栽所組成的綜合型藝術，建於江戶時代的兼六園，雖歷經多任加賀藩主、耗費長久歲月才修造而成，所展現的思想是一貫的，即祈求長壽與族人永世繁榮的心願，最能展現這個想法的就是園內兩座水塘中的神仙島。

　　不過光是這樣的嚮往，無法為世人帶來喜悅與感動，進而成為名園。因為終究是人為的庭園造景，總有其侷限，如同北宋文學家李格非在《洛陽明園記》所提到的：「洛人云，園圃之勝不能相兼者，六務。宏大者，少幽邃；人力勝者，少蒼古；多水泉者，艱眺望。兼此六者，惟湖園而已。」然而這座迴遊式的大名庭園，集當時已然成熟的各種造園手法之大成，突破了日本池泉式庭園的框架，兼具「宏大」、「幽邃」、「人力」、「蒼古」、「水泉」、「眺望」六勝的象徵式景觀意境，春櫻爛漫、新綠青翠、秋楓璀璨、冬寒雪妝，無論哪個季節，皆能呈現各種不同的動人風貌，令人想要一遊再遊。

　　兼六園佔地廣闊，共有6個出口，觀光客一般比較常用有「桂坂口」（鄰近「金澤城」）、「真弓坂口」（鄰近「金澤21世紀美術館」）、「小立野口」（有平坦的遊園路線）。建議可從小立野口入園，可不用走回頭路將兼六園完整走一圈，並可接續前往金澤城或金澤21世紀美術館。

1	2
3	4
5	6

1. 霞之池與徽軫灯籠（宏大）
2. 瓢池（幽邃）
3. 雁行橋（人力）
4. 黃門橋（蒼古）
5. 曲水（水泉）
6. 眺望台（眺望）

從小立野口進入兼六園後，右側是廣植落葉闊葉樹種的築山「山崎山」，秋天整座山頭會隨樹林枝葉轉紅，因此又有紅葉山的稱號。早點入園是有好處的，早朝時分遊客最少，踩在碎石舖成的路上，是清脆的窸窣腳步聲，加上流水細微的潺潺水流聲，沒有多餘的喧嘩，可以獨享幽靜的園內時光。

水是兼六園內重要元素，早先是第三代藩主前田利常為了解決金澤城消防用水問題，而修建的設施，之後成為園內的「曲水」。水源取自流經市區南邊的犀川上游，自古以來即不斷地將其引入園內，構成園內幽邃意境的曲水從山麓岩間流出，流域超過園內1/2以上區域，迴繞長達570公尺，最後注入「霞之池」（霞ヶ池），成為妝點庭園的重要景致。

山崎山

梅林

園內有片「梅林」，和以梅著稱的水戶偕樂園相比栽植面積小了許多，但特別的是這座梅園是在北野天滿宮、大宰府與湯島天神、偕樂園等日本各梅花名所協助下，集合全國的名梅，於昭和43年（1968年）為紀念明治百年所建。栽植約20種、共200株梅樹，紅、白、粉的梅花綻放時，總為剛度過凜冽寒冬的庭園注入生氣。

根上松

七福山

入園後毋須太刻意依照買票時所提供的折頁地圖，恣意閑走也能看到令人愉悅的景致和細節，如果擔心迷路（兼六園可足足有11公頃），或可順著曲水，一路經過「花見橋」、「根上松」、「七福山」和「雁行橋」，視野會隨著園內最大水塘霞之池的出現而開闊起來。

雪吊

曲水和雪吊

池邊錯落的「唐崎松」形狀最是優雅，為了預防冬天可觀的積雪壓斷樹枝，每年11月1日起，園方會以木頭打樁，再從上頭拉繩子吊住樹的枝幹，每棵黑松都輔以彷如雨傘骨架的「雪吊」來增加枝幹的強度，形成一幅既特殊又富雅趣的兼六園限定風景。霞之池畔的「徽軫灯籠」附近總聚集拍照的人潮，站在石橋上看過去，燈籠映照在池面，和「蓬萊島」、「內橋亭」構成和諧的畫面，是兼六園最具代表性的視角。一到冬天，白雪會將霞之池妝點得猶如日本畫般的深邃美麗，是日本十大「冬季絕景」之一。

雪化妝兼六園（照片提供：金沢市）

在霞之池附近的「噴泉」（噴水）、「黃門橋」和「夕顏庭」同樣值得靜觀探訪。這座日本最古老的噴泉水源來自霞之池，利用地形的高低落差所形成的水壓產生，水柱高度會隨著霞之池的水位而變化。

看起來像是兩塊石頭重疊而成的黃門橋，其實只用一塊青戶室石砌成，與周邊青鬱的樹林和青苔，營造出蒼古的姿態。

日本最古的噴泉　　　　　　　　夕顏亭

桂坂口

真弓坂口

最後可以走往瓢池，是園內規模第二大的水池。據說這裡是當時兼六園建造的起點，池中有象徵不老的長壽之島、神仙島等大小二座島，以及一處高6.6公尺的「翠滝」，豐沛的水量傾流而下，呈現兼具視覺與聽覺雙重的感官饗宴。瓢池的盡頭就是真弓坂口了，順著斜坡而下，21世紀美術館就在對面的街廓。

兼六園夜間點燈

配合歲時節慶，兼六園會舉辦夜間點燈活動，霞之池及雪吊在燈光下又會呈現另一種浪漫的姿態，如正巧遇到夜間點燈，建議晚上可以再來一趟。

兼六園境內圖

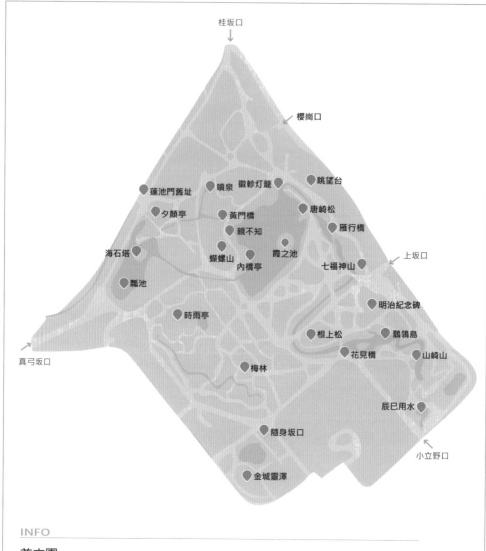

- 桂坂口
- 櫻崗口
- 眺望台
- 蓮池門舊址
- 噴泉
- 徽軫灯籠
- 唐崎松
- 夕顏亭
- 黃門橋
- 雁行橋
- 親不知
- 上坂口
- 海石塔
- 蠑螺山
- 霞之池
- 七福神山
- 內橋亭
- 瓢池
- 明治紀念碑
- 時雨亭
- 根上松
- 鷁鴒島
- 花見橋
- 山崎山
- 真弓坂口
- 梅林
- 辰巳用水
- 隨身坂口
- 小立野口
- 金城靈澤

INFO

兼六園

- 3月～10月15日7:00～18:00，10月16日～2月8:00～17:00
- 成人（18歲以上）320日圓，6～18歲100日圓，65歲以上免費（須出示護照）
- 搭公車在「兼六園下」、「廣坂」或「出羽町」等公車站下車，可分別從桂坂口、真弓坂口、小立野口入園
- 石川縣金澤市兼六町1-4
- http://www.pref.ishikawa.jp/siro-niwa/kenrokuen/t/index.html

石浦神社

從兼六園真弓坂走下來，對面有一座「石浦神社」，以祈求結緣聞名。

相傳石浦神社草創於日本的古墳時代，約有一千五百多年歷史，是當地最古老的神社，如同金澤城的土地神，備受歷代藩主的崇敬，二代藩主前田利常斥資重建社殿，五代藩主綱紀還曾在此祈願夫人安產。

走進神社境內，發現許多前來祈願良緣成就的女性，當然，石浦神社對於安產、家內安全、除厄等也很靈驗，於是「無論什麼事都能圓滿解決」，也成了石浦神社所祭祀7尊大神的代名詞。

參拜後不免要求個籤（おみくじ），石浦神社的籤詩運勢由吉到兇共有多達17種排列，上上籤當屬「福福福」，和其他神社以「大吉」為最優有所不同。一旁的籤詩架綁滿了眾人的籤詩，點點水玉模樣的籤紙，數量驚人，也成為拍照景點。拜殿右側有101座、沿著緩坡連綿到「廣坂稻荷大社」的紅色鳥居，都是虔誠信徒所奉獻，規模雖不及京都伏見稻荷大社，仍已十分壯觀。

石浦神社水玉模樣籤紙

金澤神社

　　緊鄰兼六園位在最南側靠近隨身坂口的「金澤神社」，規模雖然不大，卻相當值得前來參拜。1794年，加賀藩十代藩主前田治脩在兼六園內現今梅林的位置建立藩校「明倫堂」，因此在一旁創建金澤神社，祭祀的正是日本學問之神菅原道真。

1
—
2

1. 金澤神社
2. 據說是金澤地名由來的「金城靈澤」

　　境內有座湧泉非常特別，即便久旱不雨也不會枯竭，亭子內的匾額寫著「金城靈澤」，源自一段有趣的傳說。據說古代有一位名叫「芋掘藤五郎」（いもほり藤五郎）的年輕人，有一天挖掘芋頭後在這個湧泉清洗時，無意間洗出黃金，這裡於是被稱為「金洗いの澤」，金澤這個地名也由此而來。

　　每年「金澤百萬石祭」舉行時，金澤神社的宮司會先來此取水到神社奉納後，再運到茶席會使用。金澤神社的手洗舍的水也可以飲用，到此參拜後別忘了接一些靈水來嚐嚐看。

INFO

金澤神社

- ⏲ 終日；授與所9:30～17:00
- 💲 免費
- 🚌 搭公車在「成巽閣前」公車站下車
- 📍 石川縣金澤市兼六町1-3
- 🌐 http://kanazawa-jj.or.jp/

金澤21世紀美術館、金澤城

　　金澤在加賀藩前田家虔心的經營下，振興文化與工藝的發展，長時間下來也為當地蓄積了豐厚的藝文底蘊。不過金澤可不光只有守舊的傳統，以創造新文化為目的成立的「金澤21世紀美術館」，展現出迎向21世紀的金澤全新的魅力與活力。

　　金澤21世紀美術館由名設計師妹島和世與西沢立衛（SANAA）所設計，核心的設計概念就是「向城市開放，有如公園般的美術館」。建築物裡外均採用圓形玻璃牆，因此金澤人給它一個很可愛的暱稱「まるびぃ」，源自「丸い美術館」的簡稱，也就是圓形美術館的意思。室內空間寬敞明亮，具有通透的開放感，這樣的設計目的在於讓這座美術館成為任何人都能隨時前往，並提供市民共同參與及體驗的機會，營造如同公園般自在的場所。

　　基於這樣的理念，美術館分成「展覽會區」（展覧会ゾーン）及「交流區」（交流ゾーン），只有進入展覽會區才需購票。可免費參觀的交流區，精采程度可一點都不輸給付費區，館內有免費的置物櫃，可先寄放隨身物品輕鬆的看展。

1	2
3	4

1. 宛如風船的 Wrapping
2. Klangfeld Nr.3 für Alina
3. 美術館建築採用圓形玻璃
4. 室內明亮，具有通透的開放感

　　館外綠地上幾件永久性作品，極具互動性，讓藝術變得很容易親近。三原色圓弧形透明板組成的「Colour activity house」（Olafur Eliasson設計）就很精彩，自然光線穿透色版，映在草地上，調和成漂亮的色調，走到裡面，透過三原色版，眼前的世界也因此變得不太一樣。

　　另一側有12支彷彿從草地長出來的銀色金屬喇叭，作品名稱為「Klangfeld Nr.3 für Alina」（Florian Claar設計），源自德語，是「聲音的領域」的意思，這些喇叭透過地下管路交錯連結，鄰近的通常沒有互通，所以常常可以看到有人在喇叭間奔跑嘗試通話的景象；宛如風船的亭子名為「Wrapping」（Fernando Romero設計），可進入內部遊玩，這些裝置都足以讓人童心大發，與其互動玩樂許久。

　　進入圓形的館內，隨即可以看到21世紀美術館最最最經典的展示作品「游泳池」（Leandro Erlich設計），透過玻璃阻隔，形成根本不能游泳的特殊泳池，陽光映入池底，水面閃耀著嶙峋的自然光，水面下的人衣服不但不會濕，還彷彿不受浮力影響，悠然走動、與池畔的人開心互動，形成一種不可思議的光景，是整座美術館最受歡迎的作品。

　　館內屋頂還有一尊金色的雕像，名為「觀測雲的男人」（雲を測る男），由Jan Fabre創作，靈感來自一部美國電影「終身犯」裡的一句台詞，如不抬頭仔細尋找會很容易錯過，算是隱藏版的藝術品。

金澤21世紀美術館實在太受歡迎了，入館人數持續成長，每到週末假日光是買票往往就要排好長的隊伍，建議可以在上午剛開館時前來，人潮會比較少，進入館內後，優先去體驗最有人氣的「游泳池」這個作品，拍照取景會比較容易些，接著再慢慢逛其他展間或是戶外的交流區。看完展後，可以就近在館內用餐，售票處前方有一間「Fusion21」，用餐空間正好面對著Colour activity house，視野很好；同樣位於一樓的賣店有許多美術館獨家原創商品，設計精巧，讓人愛不釋手，很適合作為金澤之旅的紀念品。

「游泳池」是最受歡迎的作品

1 | 2   1.   觀測雲的男人
         2.   Fusion21

INFO

金澤21世紀美術館

- ⊙ 展覽會區10:00～18:00、交流區9:00～22:00
- ㉻ 展覽會區：星期一（如遇假日則隔日休館）、年末年始。交流區：年末年始
- ⑤ 展覽會區依展覽不同而異，交流區免費
- 🚌 JR金澤車站東口前3號、7號公車乘車處搭車在「廣坂・21世紀美術館」下車；或8～10號公車乘車處在「香林坊atrio前」下車徒步約5分鐘
- 🏠 石川縣金澤市広坂1-2-1
- Ⓦ https://www.kanazawa21.jp/

椎樹迎賓館

しいのき迎賓館（椎樹迎賓館）

　　金澤21世紀美術館北面隔一條馬路，有一片廣闊的草地，矗立著一棟很有質感的建築，是在1914年啟用的石川縣的舊縣廳舍，歷經長達78年的使用後，縣廳移轉到新的廳舍，這棟建築經過整修，在2010年重新開館，改為「しいのき迎賓館」（椎樹迎賓館），以門口兩棵推測已有300年樹齡的椎樹為名。

　　舊縣廳是石川縣內第一棟純鋼筋混凝土建築，設計者矢橋賢吉是大正年間的名建築師，東京的「國會議事堂」亦同樣出自他的手，所以在舊縣廳裡也能看到許多與國會議事堂相似的建築語彙。椎樹迎賓館目前做為兼六園周邊的綜合觀光案内所、餐廳、咖啡店、會議室、展示館，是旅途中很棒的一處休憩空間。

　　位在椎樹迎賓館對面路口轉角的一棟建築2樓，有一間小小的咖哩專賣店，熱愛咖哩的老闆研究多年所開發出理想的「金澤咖哩」，讓人一吃難忘，還提供素食口味的咖哩。

INFO

しいのき迎賓館

- ⏱ 9:00～22:00
- 🚌 搭乘公車在「広坂‧21世紀美術館」下車徒步1分鐘
- 📍 石川縣金澤市広坂2丁目1番1号

金澤ななほしカレー

- ⏱ 11:00～19:30（平日15:00～17:00休息，星期一公休）
- 📍 石川縣金澤市広坂1丁目2番18号中村大樓2F（しいのき迎賓館對面）
- 🍴 咖哩飯
- 🌐 https://nanahoshicurry.jp/

```
  1
 ─────
  2 │ 3
 ─────
  4 │ 5
```

1. 連綿石垣即是金澤城的範圍
2. 石川門
3. 石川橋
4. 河北門
5. 金澤城內一景

金澤城

　　椎樹迎賓館後方不遠處層疊連綿的石垣，即是金澤城的範圍，所以這一帶可說是金澤的觀光熱區，市區重要景點都集中在這附近。

　　從兼六園的桂坂口出來，走上「石川橋」，眼前白色的二重櫓二層建築即是「石川門」，是入城的最佳動線。金澤城最早由佐久間盛政承織田信長之命，於1580年入主後開始築城，1583年前田利家於賤岳會戰後正式入主金澤城後，持續擴建，直到第十三代藩主前田慶寧為止，始終是加賀藩前田家的根據地。不過有趣的是，前田利家身為豐臣秀吉的重臣，一直到1599年過世為止，鮮少待在金澤城，幾乎都待在京都、大阪。

走進金澤城內不見日本城常見的高聳天守，其實原本是有的，不過在1602年一次嚴重的雷擊燒毀後就沒有重建。完成整體建置後的金澤城曾歷經幾次災害，最嚴重的是1759年的火災，幾乎燒毀全城，現存的石川門是之後於1788年重建，已被列為重要文化財。經專家詳細考證，2001年又陸續修復了「菱櫓、五十間長屋、橋爪門續櫓」，重現安政時代（1855～1860年）的樣貌。

　　佔地達兼六園2.5倍的金澤城公園，要完整走完一圈得花上不少時間，可以選擇最精華的「三御門」行程：石川門、河北門、橋爪門。雖然現在主要動線是由石川門進出，其實河北門一直到1882年毀壞前為止，都扮演著金澤城實際正門的角色。目前所見的河北門於2007年11月動工重建，耗時約兩年半才完成。為尊重史實，根據現存的繪圖、舊照片、文獻調查結果嚴謹修復，並使用自古流傳的工法，無論結構或用料等各種小細節，都可以看到工匠令人讚嘆的技藝。

1. 河北門
2. 石川門

$\frac{\quad 2\quad}{3}$ 1

1. 菱櫓・五十間長屋・橋爪門續櫓
2. 橋爪門
3. 五十間長屋

　城內最醒目的地標，則非「菱櫓・五十間長屋・橋爪門續櫓」莫屬，三層樓的建築，建在11.7公尺高的石牆之上，五十間長屋的長度為90公尺，如包含兩側菱櫓與橋爪門續櫓，總長度達97公尺，非常壯觀。五十間長屋原本是保管武器和雜物的倉庫，現在內部開放付費參觀，可欣賞不使用釘子的「木造軸組式工法」樑柱及其結構。

　金澤城內的建築屋頂接近白色，一般人直覺會認為材質不外乎瓦片，然而金澤城的屋頂卻是用金屬來打造，江戶時代的古文書提到「為了讓名城顯得壯麗因此使用鉛瓦」。不過也有另一種說法，就是如果發生戰爭，可以直接將屋頂的鉛瓦就地取材製成砲彈，以增強武力，聽起來似乎也頗有道理，由此亦可看出外樣大名加賀藩的憂患意識，以及和德川幕府間微妙的關係。

河北門與菱櫓・五十間長屋・橋爪門續櫓

金澤城最新修復的地方是位於西側的「鼠多門」。雖然逃過江戶中期宝歷9年（1759年）的大火，鼠多門卻沒躲過明治年間（1884年）的祝融襲擊，連接城門的鼠多門橋後來也因腐朽而拆除。經過嚴謹的考據，動用九十位大工及左官職人，遵照史實重建這處城門與橋梁，讓兩者得以在相隔約一百四十年後，於2020年7月再現往日風采。鼠多門是日本城郭建築中，唯一外牆採用海鼠壁樣式的城門，鼠多門橋則是金澤城規模最大的木橋，以江戶時代的度量計算全長十六間五寸（29.2公尺），可直接通往尾山神社境內。

1 | 2
  | 3

1. 玉泉院丸庭園
2. 鼠多門
3. 鼠多門內部

玉泉院丸庭園

　　從鼠多門進入金澤城公園，眼前是一座開闊的庭園，由第三代藩主前田利常於寬永11年（1634年）開始建造，歷經第五代綱紀及第十三代齊泰等歷代藩主著手整建而成，是一座名副其實的藩主內院。

　　庭園的水從「辰巳用水」引入，從池子至石牆最高處不小的落差，設計具有立體感，搭配造景石、木橋，呈現出與兼六園不同的風情，是備受歷代藩主喜愛的景色。

INFO

金澤城公園

🕐 3月～10月15日7:00～18:00，10月16日～2月8:00～17:00

💲 免費入園。「菱櫓・五十間長屋・橋爪門續櫓」為付費設施，成人（18歲以上）320日圓，6～18歲100日圓，65歲以上免費（須出示護照）

🚌 搭乘公車在「兼六園下」下車

🏠 石川縣金澤市丸の內1-1

Ⓦ https://goo.gl/BPcBrc

‖ 金澤的廚房：近江町市場

　　金澤還有一大魅力，就是美食，尤其是日本海的海鮮，更是遠近馳名，這些新鮮漁獲的集散地，就是有金澤市民廚房美譽的「近江町市場」，當地人通常都會省略市場兩個字，只要說要去「近江町」，就知道要去市場買東西了，就好比台南人說要去水仙宮一樣。

　　距離JR金澤車站徒步約15分鐘的距離，從鼓門前的大馬路直行就能抵達，位處金石港（古稱「宮腰港」）運送漁獲前往金澤城的要道上，距離武士居住的區域也很近，在1721年就形成漁市場，距今已有三百年的歷史。不同於京都的錦市場是一條筆直的通道，近江町市場是一整區，「青果通り」、「鮮魚通り」、「上通り」、「中通り」幾條通道相互交錯，總共有10個出入口，匯集海鮮、蔬果、肉類、加工食品、茶葉、乾貨……超過100個攤位及店家，所有吃的需求都能在此獲得滿足。

水產品自漁港直送，鮮度自不在話下，價格也很實在，一整籃的魚往往只要數百日圓，只是對觀光客而言，不太可能買整堆的魚蝦回旅館調理，所以有些攤位提供現烤牡蠣或是生海膽，當場就能大快朵頤。市場內也有為數不少的飲食、壽司店，是在金澤旅遊時，午餐的最佳選擇。其中位在鮮魚通り中段的「じもの亭」以豪華的海鮮丼聞名，相當受到在地人的喜愛。じもの亭對面的「大口水產」營業面積頗大，販賣眾多當地物產乾貨，是採買的好地方，推薦可以買金澤人煮味噌湯時必定會加的「加賀麩」，品質優良，重量也輕，不會增加行李的負擔。

INFO

近江町市場

- ⊙ 9:00～17:00（各店舖略有差異）
- ㊡ 星期三、1月1日～1月4日
- 🚌 搭乘公車在「武蔵ヶ辻・近江町市場」下車即達
- 🏠 石川縣金澤市上近江町50
- Ⓦ http://ohmicho-ichiba.com/

大口水產

加賀野菜遠近馳名

INFO

じもの亭

🕐 11:00～15:00（星期日9:00～15:00）
㊡ 星期三
🍴 海鮮丼、鰤魚定食
🏠 石川縣金澤市上近江町27-1（近江町
　市場內）
Ⓦ http://jimonotei.amsstudio.jp/

　　金澤除了海鮮美味，蔬菜也相當出名，有15種當地栽培的蔬果列為「加賀野菜」，包括加賀蔥（加賀ねぎ）、芥菜（からしな）、山菜、筍、加賀粗黃瓜（加賀太きゅうり）、紫蒂茄子（ヘタ紫なし）、金時草、加賀蓮藕（加賀れんこん）、能登松茸（能登まつたけ）、加賀白菜、源助蘿蔔（源助大根）、加賀圓芋（加賀丸いも）……，如果在菜單上看到這些品項，或是寫著「旬の加賀野菜」，請不要錯過，好好品嚐這些食材所做成的金澤鄉土料理吧。對許多日本遊客來說，在近江町市場逗留購物就是來到金澤旅遊的一大樂趣，有些人還會將採買的海鮮、加賀野菜寄送給親友，一起分享金澤的美食。

　　星期三是市場裡多數店家的公休日，不僅近江町，東、西茶屋街許多店舖，還有香林坊的大和百貨店有時也會在星期三公休，所以在安排金澤的採買行程時可盡量避開這一天。

<table>
<tr><td>1</td><td rowspan="2">3</td><td rowspan="2">4</td></tr>
<tr><td>2</td></tr>
</table>

1~2. 中島めんや
3~4. 色彩華麗的百萬桑

中島めんや

　　近江町市場裡有間小店「中島めんや」，以製作面具、人偶著稱，創業已超過一百四十年。為了推廣傳統的鄉土玩具，在店內可以體驗繪製「加賀八幡起上り」人偶，有點像是不倒翁造型，源自於八幡宮的祭神誕生時包著紅色錦衣的模樣，是祝福小朋友平安成長的幸運物。體驗費用也不高，只要800日圓起，就能依自己的意思，畫一個獨一無二的玩偶。

　　加賀八幡起上り同時也是石川縣吉祥物「百萬桑」（ひゃくまんさん）創作的動機，在JR金澤車站觀光案內所放置了一尊大型的百萬桑，華麗的金色身軀彩繪石川縣的觀光地，以及松竹梅、牡丹、紅葉，繽紛的姿態總能吸引往來旅客的目光。

　　距離近江町市場有間水果老店「フルーツむらはた」，創業已超過百年，本店1樓販售水果，2樓則以華麗的水果聖代聞名，深受女性的喜愛，依照不同水果產季推出的季節限定口味是必嚐的一品，假日來訪時要有排隊的心理準備。

INFO

中島めんや

- 🕘 9:00～18:00
- 休 星期二（遇假日則照常營業）
- ☎ 076-232-1818
- 址 石川縣金澤市青草町88
- 🌐 http://www.nakashimamenya.jp/

INFO

フルーツむらはた

- 🕘 10:00～19:00（年中無休）
- 🚌 搭乘公車在「武蔵ヶ辻·近江町市場」下車徒步3分鐘
- 址 金澤市武蔵町2-12
- 🌐 https://www.murahata.co.jp/
- 🍴 當季水果聖代

1 | 2
1~2. フルーツむらはた

尾山神社拜殿

▌尾山神社、長町武家屋敷跡

在近江町市場滿足了味蕾，接下來可以用徒步的方式，前往不遠處的「尾山神社」。

這裡是祭祀加賀藩第一代藩主前田利家與阿松的神社，建於明治6年（1875年）。尾山神社最特別的當屬入口的神門，和日本神社常見的山門樣式完全不同，採和漢洋三種混用的擬洋風建築風格，底層用角閃安山岩砌成，最高的第三層用五彩的花窗玻璃裝飾，夜晚點起御神灯，光芒照耀金澤市街，屋頂還裝設有日本最古老的避雷針，這座神門沒有受到世界大戰戰火的波及，保存完好，如同兼六園，是金澤的象徵。

尾山神社鳥居

神門

神門（許紋瑗攝）

　　不知大家有沒有感到有些疑惑，前田利家於慶長4年（1599年）就過世，以他的地位，怎會相隔二百多年才在此立社祭祀呢？原來當時的前田家雖雄踞加賀，但終究不是主流的大名，二代當家前田利長雖有意創建神社祭祀，但不為德川幕府所允許，只能以榊葉神明宮要遷座的名義，一同將利家公的神靈在卯辰山麓建立社殿合祀，稱為「卯辰八幡宮」，每年均以厚禮祭拜。進入明治時代廢藩置縣後，利家公不朽的功績依然為世人傳誦，於是在此地新築社殿，成為現在的尾山神社。

金谷神社

神苑

進入神門後，有拜殿和本堂。授與所後方立著一座右手持長槍、威風凜凜騎著駿馬的前田利家銅像，是讓無數敵軍聞風喪膽，有「槍的又左」威名的青年時代前田利家像。本堂左後方則有祭祀前田利長之後歷代藩主及正室（夫人）的「金谷神社」。神社內有座名為「神苑」的庭園，這裡原本是前田家的別邸金谷御殿，庭園則建於江戶時代末期，據說是前田家所築最後的庭園。

位於神苑後方的鼠多門在2021年修復完成後，可以經由鼠多橋進入鼠多門，前往玉泉院丸庭園及金澤城，景點的串連變得更加便利。

日本民眾在過新年時，有到神社或寺院參拜的傳統，稱為「初詣」，感謝神明在過去一年的照顧，並祈求新的一年平安順利。尾山神社是金澤市內最多人前往的初詣名所，從「大晦日」（12月31日）晚上10點後就會開始出現大量人潮，一直持續到1月2日，如果正巧來北陸跨年，到尾山神社一定可以感受到和台灣大不同的過年氣氛。

青年時代的前田利家像

INFO

尾山神社

🕐 終日（年中無休）
💲 免費
🚌 搭乘公車在「南町‧尾山神社」下車徒步3分鐘
📍 石川縣金澤市尾山町11-1
🌐 http://www.oyama-jinja.or.jp/

許紋瑗攝

INFO

Blanket cafe

🕐 11:00～18:00（星期一～三店休）
📍 石川縣金澤市尾山町12-2（面對尾山神社鳥居，左邊第3間店）
🍴 自家烘焙咖啡、蛋糕

流貫長町武家屋敷跡的大野庄用水

長町武家屋敷跡

武家屋敷指的是戰國時代，主君授予武士居住位於城下町的房子（屋敷）。在金澤市中心的長町一帶，妥善保留著當時武士的住宅區，包括土塀街道及家屋，是絕佳的散步路線。

從尾山神社的反方向直走，會先看到右手邊一棟有著特殊造型的「金澤市文化Hall」，再渡過一座小橋（長町六の橋），就會發現景觀為之一變，彷彿穿越時空，回到江戶時代。小橋底下的流水潺潺，稱為「大野庄用水」，是在天正年間（1580年前後）人工開鑿的多功能水路，石垣堆疊的河道蜿蜒流經整個長町，是最具城下町風情的景致。

位在長町四の橋旁的「舊加賀藩士高田家跡」，是一窺當時武士生活樣貌的最佳場所。高田家是加賀藩領有550石的上級武士，在江戶時代屬最高等級的藩士，所以住家規格和建材也和其他長町的武家屋敷不同，大門是只有大名家和上級武士才能用的「長屋門」，非常氣派，門內有寬敞的池泉回遊式庭園，馬廄、侍從（仲間部屋）、作業場都有各自獨立空間，可以從中得知當時上級武士與侍從的生活實態。

高田家跡與池泉回遊式庭園

INFO

舊加賀藩士高田家跡

- 9:30～17:00
- 免費
- 搭乘公車在「香林坊大和·アトリオ」下車徒步5分鐘
- 石川縣金澤市長町2-6-1

高田家跡氣派的長屋門

茶之間

　不遠處的「足輕資料館」則是很好的對照。在日本戰國時代，編成配有弓箭、鐵砲的部隊，「足輕」是戰場上的步兵，位居武士最下層階級，因此屋內空間自然和高田家無法比擬。館內展示足輕的職務與日常生活用品，最有趣的是「茶之間」，就是家中全員一起用餐的地方，足輕武士如果能穿越時空，一定會對現代人餐桌上豐富的菜色感到羨慕不已，因為當時的人一天只吃兩餐，且菜色簡單，只有一菜一湯，配以大量米飯，和現代人有極大的差異。

INFO

足輕資料館

🕐 9:30～17:00

💲 免費

🚌 搭乘公車在「香林坊大和·アトリオ」下車徒步5分鐘

📍 石川縣金澤市長町1丁目9番3号

漫步在武家屋敷的石板小路，兩旁黃色土塀環繞，路上也有不少老舖小店，很適合慢慢閒逛，有時看到穿著和服的觀光客或當地居民走在其間，還真有種時光倒轉回到江戶時代的錯覺。往香林坊的方向走，會遇到一條當地人很喜愛的商店街「せせらぎ通り」，整排的建築物都以小橋連接，橋下是與大野庄用水功能相似的「鞍月用水」，整體景觀洋溢歐洲風情，和武家屋敷有著不小的反差，也未嘗不是一種散步的樂趣。可別小看這條商店街，還推出代言人「せさミィ」，Line上也能找到她的專屬貼圖呢！

1	2	3
		4
	5	

1. 武家屋敷的黃色土塀
2~3. せせらぎ通り
4. 代言人せさミィ
5. 冬天土塀會以草蓆覆蓋，避免牆面被積雪剝離

（照片提供：金沢市）

1 | 2
———
　3

1. 香林坊 Tokyu Square
2. 已登錄為有形文化財的犀川大橋
3. 片町きらら

香林坊

　　香林坊可說是金澤市內、甚至整個北陸最繁華的地區，老牌的「大和百貨店」、購物中心「香林坊Atrio」、「Tokyu Square」林立，還有多家精品店，商店一路延續到片町，還有2015年開幕的大型賣場「片町きらら」，熱鬧的程度猶如京都的四条河原町，是逛街購物的好去處。

　　片町商店街的尾端靠近「犀川大橋」，有間備受金澤當地人喜愛的「8番拉麵」（8番らーめん），是從石川縣國道8號旁發跡的連鎖拉麵店（所以取名為8番），以拉麵、中華料理、餃子聞名，猶如金澤版「餃子的王將」。最經典的一道料理當屬野菜拉麵，湯頭清爽，並使用大量的蔬菜，是在地金澤人最愛的一道B級美食。

香林坊地圖

INFO

8番拉麵（犀川大橋店）

🕐 11:00～隔天6:00（星期日及假日到凌晨3:00）

🈺 年中無休

🚌 搭乘公車在「片町」下車徒步3分鐘

🏠 石川縣金澤市片町2-21-12 KD大樓1F

🍴 野菜拉麵、煎餃

🌐 http://www.hachiban.jp/

▌茶屋街巡禮

東茶屋街

　　京都有名聞遐邇的祇園「花見小路」，充滿歷史況味的茶屋、料亭林立，有時還能看到要趕赴工作的藝妓出現，是最饒富古都風情的畫面。保留完整日本傳統文化與歷史的金澤，也有幾處媲美祇園的茶屋街，其中又以「東茶屋街」（ひがし茶屋街）規模最大，是金澤最具代表性的觀光名所之一。

　　在江戶時代，茶屋是欣賞藝妓表演的地方，東茶屋街有著當時茶屋才能使用的兩層木造建築，外觀是稱為「木蟲籠」的優雅格子窗戶、小路舖設石疊、復古的街燈，穿著和服的觀光客穿梭其間，一時之間還真讓人以為來到京都，其實東茶屋街也是繼京都的祇園，第二個被指定為「國家重要傳統建築物群保存地區」的茶屋街。

1 | 2
  | 3   1~2.志摩的茶室「寒村庵」（許紋瑗攝）
            3. 　志摩

　　東茶屋街同樣保有傳承傳統藝能的「金澤藝妓」（金沢芸妓），接受過繁重且嚴格的歌、舞、樂器訓練，在各自所屬的6間茶屋裡接待客人，不過這類茶屋大多仍維持「一見さんお斷り」的經營方式，就是「本店不接待第一次上門的客人」的意思，避免因不知客人喜好或服務不周而得罪初次上門的客人，因此對「一見さん」就直接拒絕了。東茶屋街上的「懷華樓」（金澤最大的茶屋建築）、「志摩」（日本國指定文化財）均重現往昔的茶屋風情，入內見學可進一步了解茶屋文化與歷史。

黄金の蔵

　　東茶屋街的茶屋多為土產、喫茶店，其中有間「箔座ひかり藏」，販售金箔相關飾品，狹長的茶屋內中庭有一座使用大量24K純金箔貼成的「黃金的倉庫」（黃金の蔵），非常炫目壯觀。金澤自古即以金澤箔聞名，並發展出各式工藝品，是日本指定的傳統工藝品。

轉角處就有間人氣商店「箔一」，是金澤最知名的金箔公司。金澤出產的金箔以99%的市佔率穩居全國第一，製程有些繁瑣，須先將99.99%純金反覆延壓成不到0.05公厘的厚度，再用人工一枚一枚夾入整疊紙片，經過機器多次槌打，最後作成只有1萬分之1釐米、非常薄的金箔，大約2公克的黃金，即可做成一疊榻榻米（約半坪）的大小，足見黃金的延展性。

JR 大阪車站「時空廣場」的金時計

箔一傳承卓越的職人技法，進而發揚光大，JR大阪車站「時空廣場」華麗的地標「金時計」即由箔一承製，以大量金箔貼成。箔一還將金箔開發成保養品及食用金箔，最受觀光客歡迎的當屬金箔霜淇淋，只見店員用不易產生靜電的竹夾，屏息謹慎的將一整片金箔貼在霜淇淋上，需要點耐心和技巧才不會將金箔弄破。金箔霜淇淋拿在手上超級威風，絕對是吸引眾人目光的利器，一口吃下，還可以體會嘴唇沾滿金箔的小奢華。

INFO

箔一（東山店）

🕐 9:00～18:00
🏠 石川縣金澤市東山 1-15-4
🌐 https://kanazawa.hakuichi.co.jp/shop/higashiyama.php

主計町茶屋街

金澤市內有犀川和淺野川兩條主要河流，金澤城公園便座落兩條河流之間。有別於湍急的犀川，不少人認為流速較緩的淺野川更具風情。「主計町茶屋街」位於別稱為「女川」的淺野川畔，和東茶屋街相距不遠。

主計町茶屋街一棟棟「木虫籠」格子狀裝飾的木造茶屋比鄰而立，展現古都優雅的水岸風情，金澤三文豪中的泉鏡花老家，以及德田秋聲的故居也在這附近。日本友人提醒我可別逛完靠近淺野川這一排的茶屋就急著離開，務必要轉進小路看看。

依照他的建議巡幽探訪，發現後面果然別有洞天。走到一處名為「暗坂」（暗がり坂）的地方，陽光被建築擋住，即便白天也略顯昏暗，據說古時候有些人想偷偷來茶屋

（照片提供：金沢市）

街和藝妓見面，又不想被熟人看到，都會走這條隱密的道路，因此得暗坂之名。從蜿蜒的石階往上走，來到「久保市乙劍宮」，鳥居前就是「泉鏡花記念館」，據說神社境內是泉鏡花兒時的遊樂場，他每天早上都會通過神社走下暗坂，再經過「中之橋」前往小學。兩大作家都有流傳後世的名著以這裡為背景來創作，因此在淺野川大橋往梅之橋的河岸兩側分別規劃了「鏡花のみち」（鏡花的街道）、「秋聲のみち」（秋聲的街道），為主計町茶屋街增添不少文學氣息。

這裡是金澤三處茶屋街中規模最小的一處，比起鄰近的東茶屋街，人潮也相對少了許多，清早時分前來，放緩步調，更能真切感受金澤的風情，是內行人不會錯過的穴場。

1 | 2 / 3

1. 主計町茶屋街
2. 暗坂
3. 久保市乙劍宮

INFO

東茶屋街、主計町茶屋街

🚌 搭公車在「橋場町」下車
徒步5分鐘

東茶屋街地圖

主計茶屋街地圖

西茶屋街

規模僅次於東茶屋街的西茶屋街，比較靠近犀川，兩處同樣都是在1820年獲得加賀藩許可而設立的花街，約50公尺的石板路上，兩側是優雅的格子窗木建築，暖簾下彷彿隨時會有藝妓走出來。這可不是空想的景象，西茶屋街上有5軒茶屋共15位專屬藝妓，人數甚至比東茶屋街還多呢。

INFO

西茶屋街

🚌 搭公車在「廣小路」下車徒步3分鐘

| 1 | 2 |
| | 3 |

1~3.西茶屋資料館

　　搭乘公車下車後，從大馬路走進茶屋街到最尾端是「西茶屋資料館」，前身稱為「吉米樓」，是大正時代暢銷作家島田清次郎年幼時期生活的場所，1樓展示他的手稿與作品，2樓呈現過往茶屋的樣貌。

INFO

西茶屋資料館

🕐 9:30～17:00
💲 免費
🏠 石川縣金澤市野町2-25-18

　　西茶屋資料館對面是和菓子屋「甘納豆かわむら」，是間深受當地人喜愛的老舖，店內裝潢宛如精品店，除了主力商品甘納豆，用加賀野菜之一「五郎島金時芋」以砂糖耗時4天熬煮而成的甜點，是秋季限定的人氣商品。

　　西茶屋街與妙立寺相距不遠，行程的規劃上可排在一起，順道參觀。

INFO

甘納豆かわむら

🕐 9:30～18:00（星期日、國定假日～17:00）
🈺 每月第1個星期二（遇國定假日照常營業）
🏠 石川縣金澤市野町2-24-7
🌐 https://mame-kawamura.com/

▓忍者出沒妙立寺

　　「犀川」是流經金澤市區的主要河川，又稱為「男川」，在鬧區香林坊、片町附近跨過著名的「犀川大橋」後，在犀川南岸有一處聚集七十餘所寺院的區域，名為「寺町寺院群」，於江戶時代形成，源自於藩政時期為了要防衛淨土真宗本願寺教團（又稱「一向宗」）所策動的抵抗活動勢力（稱為「一向一揆」），而將各宗門的寺院集中於此，並把一向宗包圍起來的一種警戒策略。

　　很特別的區域，曹洞宗、臨濟宗、高野山真言宗……各宗門的寺院比鄰而築，綿延整個區域，猶如宗教特區。這麼多的寺院當中，「妙立寺」可說是一枝獨秀，是近年最有人氣的景點。

　　屬於日蓮宗的妙立寺，是加賀藩為了祈願參拜而建，起源與忍者完·全·無·關。前田家雖然是雄踞一方的大名，不過德川幕府的監視卻是無所不在，於是這看似和一般佛寺沒兩樣的建築，卻是大有玄機，從外觀看是2層樓的本堂，實際內部有4層，還有3個隱藏版的樓層。導覽員說：「可別覺得妙立寺看起來好像不大，裡面共有23個房間、29座階梯呢，等會兒各位可以仔細留意看能找到多少個。」

果然，順著導覽，可以發現寺裡許多門扉、地板均藏有意想不到的機關與裝置，連接秘密通道或暗室，甚至是防禦用的陷阱，形成彷彿迷宮的構造，一旦寺外發生什麼緊急狀況，主公可以迅速躲藏走避，中庭的一口井，裡面還藏有隧道，據說可以連到金澤城，和台南赤嵌樓內的水井可以通往熱蘭遮城有著相似的傳說。敵人要是真的入侵，恐怕也會迷失在這錯綜複雜的空間，由於密室暗道宛如有忍者藏身其中，於是「忍者寺」的暱稱不脛而走，人氣甚至要大過本名了，現在已然成為金澤市內最受歡迎的景點之一，觀光客很多。

參觀妙立寺務必要事先電話預約（如果不諳日語，可以在JR金澤車站的觀光案內所請求協助預約），在預約時間前10分鐘報到後，開始由專人帶領，導覽員會以很生動的方式解說，一趟走下來約40分鐘，門票雖然高達1,000日圓，且途中也不能拍照，絕大多數人參觀後都覺得比想像中更為精彩有趣，讓人佩服當初設計者的巧思。

對了，妙立寺裡面真的沒有忍者，就不用費心去找了。

INFO

妙立寺（忍者寺）

- ⊙ 9:00～16:00
- 休 1月1日及法要日
- $ 大人1,000日圓、小學生700日圓
- ☏ 076-241-0888
- 🚌 搭乘公車在「廣小路」下車徒步3分鐘
- 🏠 石川縣金澤市野町1-2-12
- Ⓦ http://www.myouryuji.or.jp/

1 | 2 | 3

1. 妙立寺
2. 弘願寺
3. 願念寺

▌鈴木大拙館

有一回我請住在金澤的日本友人介紹當地人偏愛的私房景點，他沒有思考太久，第一個推薦的地方就是「鈴木大拙館」。

在台灣，認識鈴木大拙教授（1870～1966年）的人可能不多（其實在日本也是如此），這位出生於金澤市的思想家，是日本著名禪宗研究者，並將日本禪學思想推廣到海外，是世界級的禪學權威。

鈴木大拙館在2011年開館，隱身在住宅區，緊鄰充滿綠意的「本多之森公園」，隔離了塵囂。館的面積不大，也不像一般紀念館或博物館以大量呈現作者的作品為特色，鈴木大拙館內的展示品是出乎意料的少，除了一些必要的鈴木大拙著作和生平介紹外，有許多留白的區域，館方期望以「無」的空間，創造一個可以讓人尋求內心平靜，以及自我思索的地方。

即便不懂禪學，也會喜歡上這裡所營造出來的獨特空間感與氣氛。

$\frac{1}{\frac{2}{3}}$

1. 內部迴廊
2. 外部迴廊
3. 隱身在寧靜綠意中的鈴木大拙館

1 | 1~2.思索空間棟
2 | 3 | 4 | 3~4.思索空間棟內部

　　入館後長而寂靜的內部迴廊，引領人進入展示及學習空間，可以在此靜靜閱讀教授的著作；走到戶外，一側是石垣堆疊外牆，另一條筆直的通道是外部迴廊，眼前是大片的「水鏡之庭」，白色仿土藏（倉庫）造型的挑高建築，有個名字叫「思索空間棟」，矗立在水中央，四面的是平靜如鏡的水圍繞，圍牆外是蔥鬱的樹林，無論是站在迴廊或是思索空間棟，都能感受到這靜寂清澄的空間為心靈所帶來的平靜，建築師谷口吉生展現高超的設計功力，營造出其他場館所難以比擬複製的絕妙空間。

　　許多人都會為這一幅風景所打動，在正方型的思索空間裡面，坐著沉思或發呆，恣意享受這裡帶給人的片刻寧靜和安詳。

1 | 2　　1~2.松風閣庭園

位在鈴木大拙館附近的「松風閣庭園」，有迷你兼六園的稱號，建於藩政初期，水池也同樣名為霞之池，踏著飛石所舖成的步道入園，園內地面滿佈青苔、植物茂密，是一處寧靜且帶點神祕感的日本庭園。

INFO

鈴木大拙館

🕘 9:30～17:00
🚫 星期一（如遇假日則隔日休館）、年末年始（12月29日～1月3日）
💲 大人310日圓，65歲以上200日圓，高中以下免費
🚌 搭乘公車在「本多町」下車徒步4分鐘
📍 石川縣金澤市本多町3丁目4番20号
🌐 http://www.kanazawa-museum.jp/daisetz/

鈴木大拙館地圖

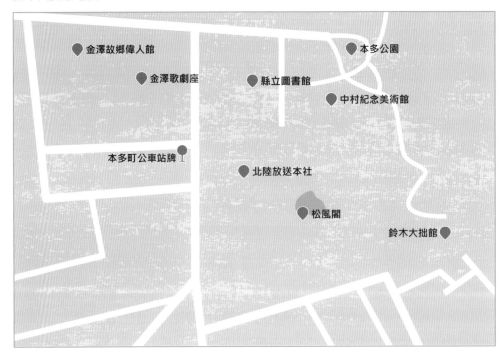

金澤故鄉偉人館
金澤歌劇座
本多公園
縣立圖書館
中村紀念美術館
本多町公車站牌
北陸放送本社
松風閣
鈴木大拙館

‖加賀溫泉鄉

　　位在金澤西南方的加賀溫泉鄉，有著豐富的泉源，形成山代、山中、片山津三處溫泉，搭乘鐵路來到JR加賀溫泉站，再轉乘公車，就能享受擁有一千三百年歷史、深受文人墨客喜愛的加賀溫泉。

　　JR加賀溫泉站是北陸新幹線延伸路段的停靠車站，整建後的新車站外觀以傳統町家的紅殼格子設計，富有金澤茶屋街的風情。車站的北邊有一尊非常巨大的金色抱子觀世音菩薩像，高達73公尺，是當地最醒目的地標。

　　車站內的海報設計的非常有創意，吸引了往來人們的目光，以溫泉旅館客房服務員為主題設計，寫著「LADY KAGA」，海報中穿著和服的女子散發出加賀美人的魅力，與女神Lady Gaga相近的諧音也令人莞爾一笑。

　　以JR加賀溫泉站為出發點，當地規劃了山環線（山まわり線）、海環線（海まわり線）兩條周遊巴士行程，取名為「CANBUS」，行經的景點非常豐富，搭配優惠的周遊乘車券，可以一天各安排一條路線依序走訪。

`Info` 加賀溫泉鄉路線公車情報：http://www.tabimati.net/rosen_bus_new

山代溫泉

　　傳說在神龜2年（725年），與四國遍路八十八所同樣有著深厚因緣的行基菩薩在前往白山的修行途中，看到有隻三隻腳的烏鴉在溫水裡療傷而發現這處溫泉，這隻正式名稱為「八咫烏」的靈鳥來頭可不小，是傳說中太陽的

山代溫泉古總湯

山代溫泉總湯

使者；不過讓山代溫泉開始聲名遠播，是永祿8年（1565年）5月時，負傷的明智光秀來此療養10天，山代溫泉的效能於是傳遍京都，全國各地都有人慕名而來；到了近代，日本明治及大正時代女詩人与謝野晶子（1878～1942年）、金澤三文豪之一的泉鏡花（1873～1939年）都曾在作品中歌頌山代溫泉，為此地更增添幾許人文氣息。

　　山代溫泉街上有兩處公共浴場，稱為「古總湯」、「總湯」。總湯這個名詞在日本其他地區並不那麼常見，幾乎只在北陸地方專用，有溫泉場中心的意思。山代溫泉古總湯四周被其他溫泉旅館所環繞，以獨棟的形式矗立在中心的位置，以傳統工法復原明治時代的總湯建築外觀和內裝，是山代溫泉的象徵。

　　在入口處自動售票機買好入浴券就可以入內泡湯，不光是建築，連入浴也忠實呈現當時人們的泡湯方式，大浴場裡除了浴槽，就什麼也沒有了，沒有可先淋浴的湯槽，更不能使用肥皂及洗髮精，在一旁擺放好脫下的衣物，就可以直接入浴，很特別的體驗，也有點讓人不太習慣。

1. 足湯及傳說中的八咫烏
2. 溫泉蛋
3. 山代溫泉名物六方燒

大浴場地板用當地「九谷燒」的磁磚，窗戶如同尾山神社的神門第三層，用的是在明治時代最先進的花窗玻璃，陽光透過玻璃映在溫泉水，五彩斕光，非常漂亮。也許是因為北陸下雪的日子較多，水溫比起道後溫泉本館要偏高一些，但確實足以為當地人洗去一日的疲勞。古總湯2樓有寬敞的休憩所，可在此稍歇喝杯水，同時眺望山代溫泉街的景致。

總湯在古總湯的對面，由吉野屋旅館改建而成，入浴方式就和一般溫泉相同，是現在當地人愛用的錢湯，如果想要一次享受兩處溫泉（許多遊客會這麼嘗試），可以購買共通券，價格上有優惠。總湯旁設有一處免費足湯（8:00～22:00），溫泉出水口的石頭上立著正是傳說中的八咫烏塑像，所以又稱為「烏之湯」，水溫同樣偏高（有點燙），泡的時候要先看看能否適應這樣的溫度。

INFO

古總湯、總湯

🕐 6:00～22:00

🈺 每月第4週星期二6:00～12:00

💲 古總湯：大人500日圓、小學生200日圓、3～6歲100日圓。總湯：大人460日圓、小學生130日圓、3～6歲50日圓。兩湯共通：大人700日圓、小學生250日圓、3～6歲120日圓

🚍 在JR加賀溫泉車站前2號公車站牌搭乘往「山中溫泉」公車，在「山代溫泉」下車（車程約15分鐘），徒步3分鐘

🏠 石川縣加賀市山代溫泉18の128番地

🌐 http://www.yamashiro-spa.or.jp/yamashiro/603

山中溫泉

　　距離山代溫泉20分鐘車程的山中溫泉，是一處讓「俳聖」松尾芭蕉（1644～1694年）也沉醉的地方。松尾芭蕉在壯年之際，自江戶前往東北、北陸展開一段全長達2400公里的漫長旅行，耗時150天。也許是太喜歡山中溫泉了，松尾芭蕉於這段旅行腳途中，足足在此停泊逗留了9天，並將這裡與有馬溫泉、草津溫泉並列，給予「扶桑三名湯」的美譽，留下「山中や 菊は手折らじ 湯の匂ひ」（山中 不折菊花 溫泉香）的俳句。他在這段旅行所留下的紀行文和俳句，後來被整理成《奧之細道》一書，是日本不朽的一部經典紀行文學。

　　以松尾芭蕉的俳句來命名的是山中溫泉的總湯「菊の湯」，男湯、女湯各在不同棟的建築裡，男湯前方可以DIY煮溫泉蛋，女湯則和「山中座」接鄰，只見一早就有不少當地常客前來泡湯，用溫泉甦醒身心，為一天的開始做準備。

1 | 2 | 3　　1.　菊の湯男湯
　　　　　　　2.　女湯休憩空間
　　　　　　　3.　菊之湯煮蛋區

　　入浴券或是煮溫泉蛋用的生蛋都要在男湯的自動售票機購買，可以在入浴前先將蛋下水，40分鐘後就有半熟溫泉蛋可以享用。菊の湯內有寄物櫃及淋浴設施，浴場比起山代溫泉的總湯更為明亮寬敞，不過有一點很類似，就是溫泉水溫都較高，適合能忍受高溫的人。

　　泡完溫泉，將煮好的雞蛋拿到櫃台，阿姨會用特製的開蛋器，開個小孔，拿到山中座的休憩區，就可以享用現煮滑嫩的溫泉蛋，口感非常特別，推薦一試。山中座每逢週末假日有日本三大民謠之一「山中節」的演唱及藝妓舞蹈演出，沒有表演時可自由參觀。

　　男湯和女湯之間有一口「笠の露」，同樣出自松尾芭蕉，當時他要和朋友道別而留下另一段俳句。笠の露包含可飲用的溫泉水及免費足湯，如果不想泡溫泉也能在此享用。

INFO

山中溫泉菊の湯

- 🕐 6:45～22:30
- 休 年中無休
- 💲 大人460日圓、小學生130日圓、3～6歲50日圓
- 🚌 在JR加賀溫泉車站前2號公車站牌搭乘往「山中溫泉」公車，在「菊の湯・山中座」下車（車程33分鐘），徒步1分鐘
- 🏠 石川縣加賀市山中溫泉湯の出町レ1
- Ⓦ http://www.yamanaka-spa.or.jp/

1	2
3	4

1. 菊之湯煮蛋區
2. 溫泉蛋
3. 笠の露
4. 山中座

湯氣街道

鶴仙溪步道

　　山中溫泉街又稱為「湯氣街道」（ゆげ街道），以菊之湯為起點，全長約600公尺。幾年前經過整備，這條湯氣街道上沒有凌亂的電線桿和電線，人行道平整好走，兩旁是充滿當地特色的小舖、餐飲店，以及山中漆器、九谷燒的藝廊。在山中溫泉街上散步，一路上總是不時看到「娘娘万頭」的廣告，特殊的名字引起人的好奇，原來是當地最具代表性的銘菓，「娘娘」（にゃあにゃあ）是加賀當地的方言，是女兒的意思，「万頭」則是包著紅豆餡的日式饅頭，以山中溫泉水加上黑糖與當地的味噌製作，是很有人氣的伴手禮。

蟋蟀橋

　　湯氣街道的終點有個白鷺造型的指標，寫著「こ
ろぎ橋」，順著坡道走下來，隨即就能看到一座造型
優美、全檜木打造的橋，就是剛剛指標所示的「蟋蟀
橋」，こおろぎ的漢字正是蟋蟀，這可愛的名字由來是
當地位處深山，古時路途險峻，所以又被稱為「行路
危」（こうろぎ），與蟋蟀的發音幾乎一樣，因而得
名，橋的下方就是有北陸最美溪谷佳譽的「鶴仙溪」。

　　提到日本茶，大家會馬上聯想到綠茶或是煎茶，不
過來到石川加賀，縣民更愛的是烘焙茶 (ほうじ茶)。
在江戶時代初期所開發出的「棒茶」，屬於烘焙茶的一
種，採用新茶的莖淺焙，不減損茶的美味，同時引出更
濃郁的香氣，風味獨特，沒有澀味，喝過之後會讓人立
刻對烘焙茶的刻板印象完全改觀。石川當地的製茶場都
將心力放在棒茶的製作上，其中又以「丸八製茶場」最
有名，對遊客來說是最佳伴手禮，在JR金澤車站的百番
街あんと就能買到。

あやとりはし

鶴仙溪谷

　　散步道緊靠著溪流，被山林環抱，溪床佈著奇岩怪石，搭配淅瀝的流水聲，走起來讓人神清氣爽，步道中段有一座徒步專用的「あやとりはし」（綾取り，就是大雄最擅長的翻花繩），設計概念出自「草月流」花道家「勅使河原宏氏」，紫紅色的S型圓弧鋼橋，如同花繩的構造，力求與周邊景觀調和；夏季納涼最佳的「川床」也在附近，木製棚座搭在溪畔，坐在榻榻米席上聊天乘涼、喝杯加賀棒茶，再怎麼熱的天氣相信也會暑意全消。

黑谷橋

1.3公里的遊步道可以「黑谷橋」為終點，優雅的拱形石橋已有超過八十年的歷史，橋下有座一不小心就會錯過的小祠堂，是祭祀俳聖松尾芭蕉的「芭蕉堂」，來鶴仙溪散步，也能和松尾芭蕉體驗同樣的行腳樂趣。

芭蕉堂

芭蕉之道

山中溫泉散步地圖

片山津溫泉總湯

片山津溫泉

　　如果搭乘海環線，推薦一定要停留的景點是加賀溫泉鄉的第三處溫泉：「片山津溫泉」。

　　比起充滿懷舊感的山中及山代溫泉，谷口吉生設計的「片山津溫泉總湯」則顯得新穎現代，玻璃帷幕造型建築轟立在柴山潟湖畔，巧妙與周邊景色融合。室內溫泉池借景一旁潟湖，讓人彷彿在廣闊無際的水域中入浴，是很特別的泡湯經驗。

　　泡完溫泉後，附近還有許多景點可以探訪，像是建於大正9年（1920年）的藝妓練習場「藝妓檢番花館」、以祈求結緣聞名的片山津溫泉守護寺「愛染寺」，還有一座彷彿漂浮於潟湖柴山上的「浮御堂」，特殊的型式，放眼日本也屬罕見。離開前還可以利用等車的空檔，在公車站牌附近泡個足湯，享受溫泉鄉對旅人的款待。

INFO

片山津溫泉

- ⊘ 6:00～22:00
- Ⓢ 12歲以上460日圓、6～12歲130日圓、3～6歲50日圓
- 🚌 搭Canbus在「加賀片山津溫泉総湯」下車徒步1分鐘
- 🏠 石川縣加賀市片山津温泉乙65-2
- Ⓦ http://sou-yu.net/

1｜2｜3　　1. 浮御堂
　　　　　2. 愛染寺繪馬
　　　　　3. 藝妓檢番花館

▌花嫁暖簾列車

　　2015年3月北陸新幹線通車，為金澤帶來一波前所未有的觀光效益。為了讓效果持續並擴散到其他地區，同年10月，JR西日本以「和與美的款待」（和と美のおもてなし）為設計基調，投入重金改裝車廂，推出七尾線觀光列車「花嫁のれん」（花嫁暖簾），華麗的外觀、洋溢幸福感的內裝，加上親民的價格，一推出後旋即造成大轟動。

運行日期及班次

　　花嫁暖簾列車並沒有每天行駛，主要在每週五～週日，以及日本的國定假日才運行，黃金週及暑假期間也會增加行駛的日期，如果有規劃想要搭乘建議要預先查詢清楚。

　　在運行日，花嫁暖簾列車每天會有2趟往返（共4班車次），行駛區間為金澤到「和倉溫泉」，行車時間約1.5小時，除了起訖點，途中還停靠「羽昨」及「七尾」，均可上下車。

〈1號〉金澤10:15發車→和倉溫泉11:42抵達

〈2號〉和倉溫泉12:06發車→金澤13:21抵達

〈3號〉金澤14:15發車→和倉溫泉15:31抵達

〈4號〉和倉溫泉16:30發車→金澤17:54抵達

花嫁暖簾列車全車均為指定席，以搭乘全程金澤到和倉溫泉區間而言，和搭乘行駛同樣區間的特急列車「能登かがり火」（能登火炬號）票價完全相同，並沒有因為是觀光列車而加價。

預約方式

要搭乘花嫁暖簾列車可透過JR西日本的電話服務（0088-24-5489），或是JR西日本e5489網路預約。如果不熟悉日文，建議到JR西日本的「綠色窗口」（みどりの窓口）預約，先寫好要搭乘的日期、車次及起訖站，售票人員就會查詢是否還有空位後售票。如果要享用車上所提供的特製餐點，也可以同時購入「食事券」，但最晚必須在出發的4天前預訂。

持「關西&北陸地區鐵路周遊券」及「北陸地區鐵路周遊券」也能搭乘，不過因為後者只能用在自由席，因此，使用周遊券雖可以抵掉乘車券的費用，指定席特急券費用還是得另外支付，以搭乘金澤到和倉溫泉（或是七尾）的區間來說，須要再付1,490日圓。

集結北陸傳統工藝的華麗車廂

「阪急交通社」根據網站的檢索次數，在2017年中發表日本十大觀光列車排行榜，花嫁暖簾列車高居第二名，以花嫁的暖簾為主題、傳統「輪島塗」及「加賀友禪」等北陸傳統工藝作為車體的設計意象，讓人第一眼就印象深刻，也為列車加分不少，就算沒有搭乘只是在月台上巧遇，也會讓人驚呼連連。

花嫁暖簾是石川縣為主的北陸地方，在傳統婚禮中常見的特製暖簾，採用的圖樣是新娘老家的家紋，婚禮當天，掛在夫家佛堂的入口，新嫁娘彎著腰穿過暖簾向祖先參拜，之後再舉行結婚儀式。

1 | 2
3 | 4

1~4.1 號車個室

　　花嫁暖簾列車共有兩節車廂，全車僅有52個座位。其中1號車以個室為主，共有8間，分別以櫻梅、撫子、扇繪、鐵線、菊、笹、錦秋、青為名，營造出的氛圍就像住在和室旅館，每間個室以日本傳統的圖樣繪製，各有特色，傳達四季之美並象徵吉祥；因為圓形木柱隔間顯得有些彎曲的通道，利用隱喻的手法，以白色方形圖樣點綴，讓乘客猶如走在日本庭園的石頭（飛び石）上，不同之處在於車內舖的是柔軟的地毯。

　　2號車車廂內少了隔間，營造出視覺上的開闊感，全車使用輪島塗繪製，大量使用沉金技法，繽紛鮮豔。有2～4人座的位子，也有一排面窗的6席座位，可以將座椅迴轉180度，收看大型液晶電視播放的觀光影片。車廂內還保留一處空間，作為不定期舉辦地方產品試吃、販賣活動時之用，稱為「樂市樂座」，走道則模擬流水的意象。

1
2

1~2.2 號車

1. 販賣櫃檯在 1 號車
2~3.列車 logo 以「加賀水引」發想設計

　　當然，觀光列車必備的販賣櫃檯也沒有少，設置在1號車，飲料、菓子、工藝品、各式原創商品一應俱全，最特別的當屬迷你暖簾，可將加賀新嫁娘的幸福之物買回當伴手禮。販賣櫃檯附近車門處，用了大量的金箔裝飾，打造出既絢爛又奢華的角落，當然，是由金澤當地金箔大廠「箔一」施作，經過與JR西日本多次討論，克服光線和磨擦等諸多問題後才終於完成。

　　這部列車的logo也很有巧思，同樣以石川的傳統工藝「加賀水引」（註）為發想設計，兩個像是交會在一起的圓與結，象徵人與人、心與心的聯繫，JR西日本並期待好朋友能一起來搭乘這輛列車，來一趟愉快的北陸旅行。

註 一種加上金銀箔的花繩（成細長型，像線一般的紙），編織成花朵或其他樣式，用於結婚等喜慶之禮金信封袋的裝飾物。

一路款待的鐵道旅程

　　乘車處位在JR金澤車站在來線的第4月台，車站以花嫁暖簾的圖樣做了許多標誌，除了引導要搭乘這部觀光列車的旅客，也同時可為這部列車宣傳。

　　一上車就會受到乘務員用心的招呼。乘務員均穿著溫泉旅館中常見的女將和服，為了給乘客最高品質的款待，其中一位是蟬連多年日本旅館100選首位的「加賀屋」客房服務員，所搭配的JR社員亦都曾在加賀屋接受過客房服務的研修，非常特別的組合，也看得出鐵道公司的用心。

1. 乘車處有清楚的標示
2. 車上乘務員均曾到加賀屋研修

比起車窗外的景色，豪華的車廂內裝似乎更讓乘客感到興趣，幾乎沒有人安坐在自己的位置，大家無不到處走動拍照。之後車掌會前來查票，驗票章是限定圖樣，為花嫁的暖簾列車的logo，車掌並會贈送每位旅客專屬乘車紀念證，可以將特急券放在裡面。

緊接著乘務員開始提供餐飲服務，花嫁暖簾列車的餐點也是大有來頭，同樣與加賀屋合作，由旅館的總料理長監修，利用能登半島當地食材，如五郎島金時（番薯）、能登牛、鰤魚等，製作成輕食餐盒，淺嚐純米吟釀的日本酒宗玄，再搭配一瓶加賀棒茶，十足像品嚐了迷你版的懷石料理，菜色還會依季節變換，吸引人再次搭乘。車上提供的甜點則請到世界級的甜點大師辻口博啓監製，也是一大賣點。

豪華絢爛的花嫁暖簾列車，集結當地富有歷史的傳統工藝，彷彿是一座移動的美術館，加上溫泉旅館加賀屋等級的服務和餐點，絕對是北陸地方最棒的觀光列車，如果到北陸旅行時能預約到座位，請不用多加思索，「搭就對了」。

Info 花嫁暖簾列車：https://www.jr-odekake.net/railroad/kankoutrain/area_hokuriku/hanayomenoren/

1		
2	3	4

1. 金碧輝煌的列車內裝
2. 車掌贈送的乘車紀念證
3. 加賀屋總料理長監修的餐點餐盒
4. 集章櫃檯

$\dfrac{1}{2\;|\;3}$

1. 一本杉通り
2. JR 七尾車站與花嫁暖簾
3. JR 七尾車站

七尾一本杉通

　　花嫁暖簾列車緩緩駛進JR七尾車站，隨即會看到月台上醒目的站名牌，配合這輛觀光列車，以輪島塗的樣式呈現，一旁掛著真正的花嫁暖簾，旅客一下車就能感到一股幸福的氣息。

　　車站所在地七尾市位於能登半島的中部，是個以漁業為主的小城市。走出車站直走約5分鐘，看到紅色的「仙對橋」後左轉渡橋，就是當地最知名的「一本杉通り」，是一條已有四百多年歷史的街道。筆直的石坂路，兩旁許多木造建築均已被登錄為有形文化財，如高澤蠟燭店、舊上野啟文堂。這裡觀光客不多，可以優閒走在其間，感受歷史的氣息。

1		
2	3	
	4	5

1. 仙對僑
2~5.一本杉通り上的店家

一本杉通り地圖

順著指標，從一本杉通岔入一條小路，有一棟2016年才開幕的「花嫁暖簾館」（花嫁のれん館），展示當地特殊的婚禮文化及衣裝，還可以實際體驗日本新嫁娘的「白無垢」（要預約），穿過暖簾，拍張特別的紀念照，很適合搭過觀光列車後再進來參觀，感受會更加深刻；會館同時作為地域的觀光情報發信交流場所，提供旅客索取觀光資訊。

INFO

花嫁暖簾館
- 🕐 9:00～17:00
- 🈵 年末年始（12月29日～1月3日）
- 💲 大人550日圓（國中、小學生250日圓）
- �ट JR七尾車站徒步8分鐘
- 🏠 石川縣七尾市馬出町ツ部49
- 🌐 http://hanayomenorenkan.jp/

1 | 2
  | 3

1. 花嫁暖簾館外觀
2~3.館內展示的物品

和倉溫泉 加賀屋

能登半島最有名的溫泉非「和倉溫泉」莫屬，JR和倉溫泉站就位在七尾站的北邊，兩地只相隔一站。

相信許多人都聽過大名鼎鼎的溫泉旅館「加賀屋」，其實這間旅館並不在加賀溫泉鄉，而是位於和倉溫泉。加賀屋於明治39年（1906年）創業，是擁有超過百年歷史的老舖旅館，昭和、平成天皇及皇室成員曾多次前來住宿，已成為高級溫泉旅館的代名詞，並曾連續三十六年蟬聯「日本旅行新聞社」評選「日本飯店旅館百選」的總和首位，堪稱日本旅館界的絕對王者。

1 | 2　　1.　加賀屋臨平穩的七尾灣而立
　　　　2.　酒吧「時雨」位於旅館中央挑高的位置

　　加賀屋最為人所稱道的，是那無微不至的「おもてなし」（款待），從抵達旅館那一刻的歡迎儀式開始，就能感受到加賀屋專屬的流儀（作風），住宿期間每間客房都有經過嚴格訓練的專屬管家服務，永遠把客人的滿意放在第一優先，將日本傳統的待客之道完美呈現。

　　加賀屋提供接駁車，迎接在JR和倉溫泉站下車的房客，住宿時間是下午3點，提前抵達的話，裡賓人員會先引領客人到大廳的座位，隨即奉上甜點與抹茶，可在此欣賞窗外七尾灣的海景，同時聆聽師匠演奏日本傳統樂器お琴。check-in時間一到，管家隨即前來引導，從訂房資料知道我們是台灣人，旅館特地安排一位曾到台北加賀屋服務、精通中文的管家，這個舉動再次讓人感受老舖細緻用心的一面。

　　加賀屋是大型旅館，共有二百多間客房，房型主要分成五種等級：「能登本陣」、「能登客殿」、「能登渚亭」、「雪月花」，以及房間數量最少的頂級房型「濱離宮」，我訂的是濱離宮，位於高樓層，必須持專屬磁卡才能搭乘電梯前往。在管家的帶領下進入房內，純和風的空間高雅寬敞，空氣中散發著塌塌米特有的香氣，客房不但有和室，還有一間洋式房間和廣緣，打開窗戶，眼前就是遼闊的七尾灣景緻，視野極佳，感覺身心都被療癒了。管家詳細地介紹房間及旅館的各項設施後，請我們好好的享受各項服務。

濱離宮客房

住宿加賀屋的一大重點當然是溫泉，大浴場位於2樓，分成「惠比壽之湯」（男性專用）、「辨天之湯」（女性專用），1樓另有一處女性專用的「花神之湯」。殿方（男性）專用的惠比壽之湯分成三層，其中一層是「空中露天風呂」，浴池好像飄浮在七尾灣海面上，溫泉水溫適中，當然，無論入浴哪一處，都是人生至福的享受。

加賀屋接待大廳

加賀屋內部的空間佈置處處講究，除了隨處可見的花道作品，也將輪島塗、九谷燒、金箔、加賀友禪等石川傳統工藝融入建築，在各個角落都能欣賞到，若說是住在美術館也一點都不為過。館內有一條名為「錦大路」的商店街，販售北陸地方的特產，早上還會將朝市搬進旅館內，另一頭的表演廳「祭り小屋」，每天晚上都有精彩的表演，讓人絲毫沒有想要踏出旅館的念頭。

利用日本海與能登半島地產食材所作成的料理，也是加賀屋自豪的服務，配合四季的恩惠，利用石川能登當地蔬果、魚類食材，在擁有豐富調理經驗的總料理長精心菜單設計之下，展現出來的是「加賀百萬石」美學，餐點精緻、擺盤講究，不光能滿足味蕾，同時也是一場視覺饗宴，也難怪加賀屋的料理在全日本一直擁有極高的評價。

來到加賀屋住宿，各方面都是極致的享受，很希望時間能流逝的慢一點。雖然房價也相對較高，如果預算充足，加賀屋絕對會是旅途中犒賞自己或是家人的不二選擇。

男性專用客房

加賀屋的早餐

加賀屋外觀

INFO

加賀屋

- check in 15:00；check out 10:00
- JR和倉溫泉車站下車，加賀屋提供來回免費巴士接送
- 石川縣七尾市和倉町ヨ部80番地
- https://www.kagaya.co.jp/

LE MUSEE辻口博啓美術館

　世界享譽盛名的甜點大師辻口博啓，在家鄉七尾市開設了一間展示砂糖藝術作品的美術館，併設的咖啡店可以品嚐職人監修充滿創意又講究食材的甜點，自開幕以來，始終是和倉溫泉的人氣景點。

　這間美術館就位在加賀屋附近，洗鍊的黑色建築外觀展現高級感，室內空間挑高明亮，一排座位面對著七尾灣的海景，讓吃甜點成為一種享受。店內也販售各式甜點伴手禮，其中一款YUKIZURI以兼六園冬天的雪吊為靈感，融合法國傳統菓子的製法，是最有人氣的一款商品。

INFO

LE MUSEE辻口博啓美術館

- 🕐 9:30～18:00
- 🚌 搭公車在「和倉溫泉」下車徒步3分鐘
- 🏠 石川県七尾市和倉町ワ部65-1
- Ⓦ http://le-musee-de-h.jp/

‖能登里山里海號

能登里山里海號

　　JR在石川縣境內的鐵道路線，最北只行駛到「和倉溫泉站」，繼續往能登半島北邊的鐵道由第三鐵道部門「のと鉄道株式会社」（能登鐵道公司）經營。不讓花嫁暖簾列車專美於前，能登鐵道也邀請了知名設計師山村真一，打造出一輛私毫不會遜色的觀光列車，取名為「のと里山里海号」（能登里山里海號），從「七尾站」發車，沿著漫長的海岸線，直到終點「穴水站」。

　　能登里山里海號由兩節車廂組成，外觀是日本傳統的紺色，象徵能登的蔚藍大海，內裝以遠近馳名的輪島塗為主，加上能登地方的工藝品，打造出典雅穩重的空間，宛如一輛會移動的美術館。兩節車廂中，一輛名為「里山」，以橘色為基調，另一輛則是「里海」，自然是採用藍色，座位規劃也別具巧思，有面對面的4人座位、6席面海的位置，還有可容納6人的沙發席，同樣面海而坐，不用轉頭就能欣賞沿途廣闊安穩的七尾灣海景，是最受歡迎的座位。既然是觀光列車，美食也是不可或缺的，事先預約的話，有壽司或甜點套餐能選擇，可為這段鐵道之旅增添更多的樂趣。

從七尾到穴水33.1公里的路程，途中停靠和倉溫泉及能登中島兩站，行車時間約1小時，途經特別的景觀時，列車駕駛會特意放慢速度或是臨時停車，讓旅客好好欣賞，隨車人員也會配合景點解說。即將抵達穴水站前，會進入一小段的隧道，只見車上照明瞬間完全熄滅，妝點在隧道內數以千計的藍色LED燈，頓時成了最耀眼的光芒，照進車廂，營造出如夢似幻的氣氛，是下車前的最大驚喜。

這輛觀光列車雖不在JR周遊券的使用範圍內，不過不用擔心，因為乘車費用非常實惠，只需支付普通車的運費，再加上500日圓的乘車整理券就能搭乘，親民的票價，也讓能登里山里海號更受喜愛，想要搭乘務必要提前預約，以免向隅。

Info 能登里山里海號：https://satoyama-satoumi-go.net/

1	2
3	4

1.2. 能登里山里海號內裝
3. 車內集章處
4. 週末假日乘車可搭配餐飲方案

輪島朝市

　　石川縣的面積4,186平方公里，在日本47都道府縣中僅排名第35，屬於中後段，然而地形狹長，能登半島突出於日本海，位於半島北端的城市，例如輪島或是珠洲，彷彿位在天涯海角，需要長時間車程才能抵達。搭乘能登鐵道抵達穴水，已經來到半島中間，在車站前轉乘「北鐵奧能登巴士」穴水輪島線的公車前往輪島，就不會感到車程那麼遠了。

　　由於是地方公車路線，沿途停靠許多站牌，還經過「能登里山空港」，一路搖搖晃晃，大約40分鐘後總算抵達「輪島駅」。既然有車站為什麼不搭電車比較快呢？原本這裡的確是有鐵道運行，屬於能登鐵道七尾線，不過隨著公路開闢，穴水到輪島間利用鐵道的旅客不斷減少，營運無以為繼，最終只得在2001年宣布廢線，幾年後車站改建成能登傳統黑屋瓦樣式建築，成為「道の駅」（如同台灣的道路休息站），取名為「ふらっと訪夢」，販售輪島當地土產，僅在後方留下部分月台及鐵軌，並保留當時的大理石站名牌，為曾有鐵道的時代留下最後的追憶。

道の駅「ふらっと訪夢」

輪島駅廢線後留下的月台及鐵軌

　　來到這裡並不是為了追尋這條廢線的遺跡，而是要前往日本三大朝市之一的「輪島朝市」，距離車站約10分鐘的步行路程。出站後往左走，平整的人行道，兩旁大多是獨棟的黑瓦屋頂民宅，清新的空氣，帶著海潮的氣息，是一段愉快的散步經驗。

輪島朝市最早起源自平安時代，已持續超過千年以上的歷史。早上8點過後在「朝市通り」兩旁會擺滿了露天攤位，由於臨近日本海，新鮮的海產自不待言，各式乾貨、蔬菜、民藝品也都一應俱全，許多老奶奶販售自家種的農作物，親切地叫賣著。從頭到尾走了一趟，發現東西越買越多，手上提著滿滿的戰利品，也體驗到與當地人互動的樂趣。

INFO

輪島朝市

- ⊙ 8:30～正午
- ㉻ 每月第二、四個星期三，1月1日～3日
- 🚃 輪島駅徒步約10分鐘
- 📍 石川縣輪島市朝市通り
- Ⓦ https://asaichi.info/

朝市通り上有一間「永井豪紀念館」，知道這個名字的台灣人或許不多，其實永井豪正是《無敵鐵金剛》的作者，是日本家喻戶曉的漫畫家，輪島是永井豪的出生地，因此選在朝市通り開設紀念館。

2015年播出的NHK晨間劇《まれ》（小希的洋菓子），以輪島為故事的開端，連續劇下檔後，在朝市通り尾端紅色「いろは橋」旁，設立了「輪島ドラマ記念館」（輪島ドラマ記念館），展示女主角まれ（土屋太鳳飾演）打工的食堂場景，以及當時實際拍攝使用的戲服和道具，看過《まれ》的觀眾來到這裡，一定可以立刻沉浸在連續劇的氣氛中，館內也販售這齣晨間劇的原創商品。

INFO

輪島ドラマ記念館

- ⊙ 8:00～15:00
- ㉻ 1月1日～3日
- 🚃 輪島駅徒步15分鐘
- 📍 石川縣輪島市河井町1-38
- Ⓦ https://ringisland.jp/dorama.html

1 | 2　1. 永井豪紀念館
　　　　2. 輪島ドラマ記念館

▌白山比咩神社

　　日本的靈山信仰有著悠久的歷史，最有名的就是富士山、立山、白山。位為石川、福井、岐阜三縣交界的白山標高2,702公尺，是石川縣境內最高的山，即便到了夏天，山頂依然留存著未溶白雪，一整年幾乎都是白色的模樣，因而得名。白山每年豐沛的雪量為山下平原提供生活中不可或缺的水資源，山裡有許多神明鎮守著，對於老百姓來說有如聖域，並形成「白山信仰」。

　　位在金澤近郊的「白山比咩神社」據說創建於「崇神天皇」時代，至今已經有兩千一百多年的歷史，是日本全國約三千座白山神社的總本宮，不但是著名的「能量場所」（パワースポット），也是北陸地方的民眾在新年第一天（元日）初詣的熱門參拜地點。

　　白山比咩神社距離金澤市區稍遠，且沒有可以直達的列車，從JR金澤站出發，必須先搭乘JR北陸本線到JR「西金沢站」，出站後到一旁的「新西金沢站」轉乘「北陸鐵道」石川線，再一路搭到終點「鶴來站」，整個車程時間約40分鐘。

　　北陸鐵道石川線搭乘人數不多，幾乎都是當地居民與學生在利用，所有班次一律都是每站皆停的普通車，車站也大都是簡易的無人車站，直到終點站才讓人眼睛為之一亮。鶴來原本是石川線、金名線、能美線交會的大站，古典的木造建築已有超過百年的歷史，站內還展示許多古老鐵道文物。

鶴來車站

參道入口鳥居

$\frac{1}{2}$ | 3

1. 石階參道
2. 第三座鳥居
3. 白山比咩神境內

　　車站與神社還有大約2.5公里的距離，可以選擇搭乘路線公車，或是到位於車站正前方的「白山市役所鶴來支所」裡附設的「白山市觀光連盟」租腳踏車。規劃這段行程時原本想搭公車前往，不過班次實在過於稀少，且與電車抵達時間並沒有銜接，因此早早就放棄此一選項。還有一種便利的方式，就是搭計程車，當地的司機通常會配合電車的時刻表在站前等候客人。上車之後忍不住跟司機抱怨這裡公車不是很方便，司機伯伯也覺得如此，閒聊時還提到：「去程的路是上坡，走起來會比較辛苦，回程就可以用走的，沿途還能逛逛鶴來的老街。」

　　計程車沿著線道行駛，不消幾分鐘時間，就抵達神社參道前的停車場。參道入口有一座壯觀的石製鳥居，進入鳥居後即是神域，石階參道及高聳的杉木順著坡道往上延伸，其中不乏樹齡達八百年的神木，營造出神聖寧靜的氣息，參道中段旁的琵琶瀑布傾流著豐沛的水流，是腳步聲外最清冽的聲音。

　　神社的手水舍位在石階的後段，一旁是第二座鳥居，矗立在石階的正中央，再往上數十階，通過第三座鳥居，才能進入神門，這裡有棵推定已有千年樹齡的參天欅木，仿如神門的守護者。白山比咩神社不愧是鎮護北陸的大社，參道上立了三座大型鳥居，如同伊勢神宮般，也提醒著參拜客每進入一座鳥居就越接近神明，更應戒慎虔誠。

進入神門，正前方就是幣拜殿與本殿，有些出乎意外的是，規模比預想中要來得小，卻無損境內莊嚴的氣氛，在綠意蔥鬱的樹林包圍之下，讓人感到平靜，只見大家無不虔誠恭敬，依序以二拜二拍一拜的方式參拜「白山比咩大神」（菊理媛尊）。在日本正史之首的古書《日本書紀》中登場的女神菊理媛尊，曾經為伊弉諾尊、伊弉冉尊二神作出身分仲裁，因而被視為結緣之神，備受人民崇敬。「媛」的日文發音是「hime」，與「比咩」相同，也成了神社名字的由來。

幣拜殿

拜殿左前方有座規模較小的鳥居，寫著白山奧宮，是面向白山山頂的奧宮遙拜所，真正的奧宮可不像這裡如此容易就能抵達，因此在這裡設置遙拜所，虔心參拜同樣能表達崇敬之意。參拜後許多人會到授予所買個御守，或是請神職人員寫御朱印，和神明結緣，並祈求良緣成就、家內安全、夫婦圓滿、子孫繁榮、家運長久、學業成就，人生各個階段的願望都能在此尋求白山比咩大神的庇蔭實現。

白山奧宮遙拜所

北參道手水舍旁有一處水源，是源自白山水系的伏流水，水質乾淨，據說有長壽延命的功效，每天都有人從各地前來取水。在充滿綠意的白山比咩神社緩緩走上一圈，身心也不自覺寬暢了起來，果然是一處充滿能量的場所。

白山比咩神社手水舍

INFO

白山比咩神社

🕐 終日開放
♨ 搭加賀白山巴士在「一の宮」站牌下車徒步5分鐘
🏛 石川縣白山市三宮町二105-1
🌐 http://www.shirayama.or.jp

富山縣

立山連峰與富山灣環繞的自然寶庫

富山縣

石川縣

福井縣

‖‖ 藥之都：富山

　　富山縣位在日本列島南北正中心的位置，三面環山，北邊面海。每年冬天阿爾卑斯山脈總會累積驚人的降雪量，春夏來臨後，富涵礦物質的溶雪注入河川流入深達1千公尺的富山灣（日本海），為浮游生物帶來豐富的養分，連帶吸引魚類聚集，因此在富山灣能捕捉超過500種以上的漁獲，稱之為海的寶庫也不為過。

　　有山又有海的富山縣，還有全日本最知名的水庫：「黑部水庫」（黑部ダム），位處深山的超高壩體，每年都能吸引百萬遊客到訪，可說是富山縣的吸客利器，利用充沛的水源發電，也讓富山成為日本海側重要的金屬加工基地，高岡銅器遠近馳名，距離高岡車站不遠的「金屋町」，依然妥善保存著江戶時代到昭和年間鑄物師的町家，職人們代代傳承這項超過四百年的工藝。

高岡金屋町

除此之外，富山還有一項廣為日本所熟悉的特色，就是傳統漢藥發達，在江戶時代還衍生出行動藥品販售（薬売り）的獨特行業。這可追溯自富山藩的第二代藩主前田正甫（1649～1706年），由於他體弱多病，所以對藥學及藥草的研究很有興趣，還在富山城內開闢了一座相當氣派的藥草園，並開發出一款名為「富山反魂丹」的胃腸藥。

據說有一回在江戶城內，三春藩主秋田輝季不知何故腹部劇烈疼痛，吃了前田正甫的反魂丹後立刻見效，迅速止痛，這個「江戶城腹痛事件」於是成為巷弄議論的焦點，也打開了「越中富山藥販」的知名度。前田正甫以產業獎勵的方式鼓勵富山藩的人民製作生產，各國大名紛紛邀請富山藥品的商家前往販售，通路逐漸擴大，成為藩的一大收入來源。進入明治維新後，日本開始導入並崇尚西洋醫學，否定自古流傳的傳統漢藥，甚至廢止生產，富山的製藥業也開始轉型，如今富山縣每人平均醫藥品生產金額，及每萬人醫藥品製造從業人數依然是日本第一，傳統的漢藥也以適合現代人的型態，重新受到矚目。

在富山常見的一款和菓子「反魂旦」，名稱相當有趣，想當然爾是以反魂丹發想製成，就像放大版的藥丸，巧克力外皮包著白豆餡，疲勞或是血糖太低時吃一顆充滿甜意的反魂旦，還真能反魂恢復元氣呢。

‖JR富山車站

　　富山縣最重要的交通玄關，非JR富山車站莫屬。匯集北陸新幹線、JR高山本線（往歧阜縣）、愛之風富山鐵道（あいの風とやま鉄道）、富山地方鐵道（市内電車）、富山LRT，是大家到北陸旅行時必定會利用到的車站，這兩年配合新幹線的開通，空間整備的美輪美奐，車站規模不下JR金澤車站。

　　愛之風富山鐵道是一家很年輕的公司，配合北陸新幹線通車，和新幹線平行的北陸本線路段，於是轉由日本常見的第三部門經營，公司名稱由民眾提案後選出。「あいの風」指的是春夏之際日本海沿岸從東北方吹來的微風，自古以來為當地帶來漁獲及農作的豐收，同時あい和「愛」的發音一樣，期望這條鐵道能受到縣民的愛護，具有深刻的意涵，是很特別的鐵道公司名。

　　愛之風富山鐵道列車在富山車站的到站音樂，採用的曲目為「故鄉的天空」（ふるさとの空），出自宮崎駿御用的音樂大師久石讓，旋律動聽，如有機會搭乘時不妨留意一下，2017年鐵道公司還將車站使用的音樂集結發行CD，滿足鐵道迷的需求。

愛之風富山鐵道

1 | 2 | 3

1. Centram 9000 型電車
2~3.市內電車在新幹線下方設站

市區短距離的移動可以選擇由富山地方鐵道所經營的市內電車。富山市民習慣稱為「市電」的路面電車，可直接駛入JR富山車站新幹線的高架橋下方，為日本國內首見，這對於冬天寒冷且常有大雪的富山市民來說尤其方便，不用出站就可以直接轉乘，而且電車路線在2020年已經與北口直接連通，要前往岩瀨不用再多一次轉乘。搭乘市電環狀線（3號系統）環繞市區一圈大約28分鐘，除了有傳統車輛，也有銀、白、黑三輛充滿現代感設計的低底盤電車（9000型），相當受到乘客喜愛。為了推展觀光，富山市區許多旅館均提供住宿的外國旅客「市內路面電車無料利用券」，請記得向櫃台索取，下車時將折價券交給司機員即可享免費搭乘優惠。

新鮮市場富山marché

如同金澤車站「百番街あんと」的設計思維，富山車站也將土產及美食集中起來，規劃成「新鮮市場 富山marché」（きときと〔註〕市場 とやマルシェ），富山縣內知名的伴手禮、傳統工藝品均能在此一站購足。最受歡迎的是有「富山灣的寶石」美譽的白蝦（白えび），營養價值高，限定春夏兩季才能捕撈，賣場裡的「白蝦亭」（白えび亭），每天原料從新湊漁港直送，是白蝦天丼的創始店，每到用餐時間總會湧現排隊的人潮。

註 きときと為富山方言，是新鮮的意思。

INFO

新鮮市場 富山marché
🕘 9:00～20:30（餐飲10:00～21:30）
🚃 JR富山車站內
🌐 http://www.toyamarche.jp/

白蝦亭（白えび亭）
🕘 11:00～14:00，16:00～20:30
🚫 年中無休
📍 JR富山駅1F「きときと市場 とやマルシェ」內
🍴 白蝦天丼、白蝦天婦羅單品

JR 富山車站地圖

Toyama City Station

JR富山車站南口是人流的主要進出動線，這一側是商業區，JR西日本將車站及站前土地打造成Toyama City Station，除了車站內的新鮮市場富山marché，左前方則有MARIER，1樓有數家餐廳和速食店，5樓一整層都是Book off，商品種類豐富，是雨天消磨時間的好去處。

JR富山車站南口外街景

JR富山站前最新商業設施是位於車站右前方的Maroot，於2022年春天開幕，是整個Toyama City Station計畫的最後一塊拼圖，也是營運面積最大的一處賣場。4層樓建築，內部寬敞明亮，餐飲、超市、日用品、書店、百円商店一應俱全，打造成理想生活的百貨公司樣貌，已經成為不少富山市人每天都要來逛逛的地方。

1	2	3
4		5

1. CiC
2. albis 超市
3~5. Maroot

站前跨過馬路的CiC也如同一棟小型的百貨公司，匯集數家美食餐廳，1樓的ととやま網羅富山縣內約一千八百種特產，B1的「麵家いろは」以獨家秘傳醬油所作成的黑醬油拉麵，曾在競爭激烈的東京拉麵秀獲得五連霸，拉麵控可不要錯過了。此外，緊鄰新鮮市場富山marché旁的富山地方鐵道車站大樓，1樓有間富山縣民御用的albis超市，商品種類豐富，是旅途中採購的好地點。

黑拉麵是富山的特色美食

INFO

麵家いろは

🕐 11:00～凌晨2:00（星期日、假日～23:00）
📍 JR富山車站站前CiC B1
🍴 黑醬油拉麵

CiC 地圖

來到富山，獨特的「鱒壽司」絕對是必嚐美食。醋飯放上片舖著醃漬過的鱒魚，用笹（竹葉）包覆，然後以交叉的竹筷緊緊壓實，笹具有防腐及殺菌的效果，帶著淡淡的香氣，吃起來不會有魚腥味，保存期限也比一般生魚片略長，因此常作為鐵路便當販售。光富山市內就有超過30間店家製作，有的口味偏酸、有的醋飯較甜，各有特色，是富山具代表性的名物，在各大的賣場、車站、超市均能買到，許多旅館的早餐也會提供這道美味的地方特色料理。

壯闊的立山連峰

富山市役所展望塔

　　位於新宿西口的東京都廳，是東京都內很有名的免費景點，搭乘電梯上到45樓的展望室，可飽覽東京街景，天氣好的時候還有機會看到富士山。富山市役所也有類似的服務，是一座70公尺高的展望塔。高度或許無法和東京都廳相比擬，但由於周邊沒有更高的建築物，可一覽整個富山市的景色，更特別的是，會感覺3,000公尺等級立山連峰就像近在眼前。

　　立山連峰實在是富山市的一大賣點，市役所還特別製作「立山眺望預報」，預測未來一週能看到的機率，大家可以多加利用。

> **Info** 立山眺望預報：http://homerun.wni.co.jp/TOKS/view.html

INFO

市役所展望塔

- ⊙ 4月～10月週一～週五9:00～21:00、
  週末及假日10:00～21:00
  11月～3月週一～週五9:00～18:00、
  週末及假日10:00～18:00
- ㊡ 12月29日～1月3日
- Ⓢ 免費
- 🚍 JR富山車站徒步約5分鐘
- ⓐ 富山縣富山市新桜町7番38号
- Ⓦ https://www.city.toyama.
  toyama.jp/zaimubu/kanzaika/
  shiyakushotemboto.html

富山城址公園

　　在富山市役所展望台看到腳下一座吸引目光的白色城池，欣賞完立山連峰後，隨即散步前往。

　　在江戶時代，前田利次從加賀藩分家，成為越中十萬石的富山藩，前田利次在1661年修復富山城作為藩廳。幕府結束後進入明治，富山城也在廢藩置縣令下廢城解體，歷經明治32年（1899年）的大火燒毀舊本丸御殿，再遭遇二戰空襲，早已不復原本模樣。直到1954年，富山市為了舉辦產業博覽會，重新修建城址公園，並打造一座3重4階的天守閣（作為富山市立鄉土博物館），才大致確立現在的樣貌。

　　我走訪過許多日本現存天守的名城，然而當來到富山城仔細端詳這座天守時，總感覺有些違和感，看了資料，才知道原來歷史上富山城根本未曾有修築天守的記錄，這座天守是參考現存的彥根城和犬山城，所空想設計出來的，因此又稱為「模擬天守」，難怪形式如此特別。即便如此，這座已經陪伴富山市民七十年的「新」富山城，早已成了富山市的象徵，而且因為是戰後復興期的代表建築，在2004年被登錄為國家的有形文化財，並被選入「續日本百名城」之列。流經富山城址公園北側的松川，沿岸遍植逾五百棵染井吉野櫻，是富山市內最有人氣的賞櫻名所。

1 | 2

1. 富山城
2. 富山城唯一現存建築遺構「千歲御門」

INFO

富山城址公園

- ⊙ 24小時
- 🚃 市電環狀線「國際會議場前」站下車徒步約2分鐘，JR富山車站徒步10分鐘
- 🏠 富山縣富山市本丸1
- Ⓦ https://joshipark.com/

富岩運河環水公園

　　從JR富山車站北口出來步行約10分鐘，就可以抵達近來人氣相當旺的「富岩運河環水公園」。利用流經富山市區的「富岩運河」兩旁的水岸空間，富山市打造出兼具景觀及遊憩功能的親水環境。其中開在運河岸草地邊坡上的星巴克咖啡，大片的落地玻璃可毫無阻礙的欣賞開闊的環水公園，建築與周邊景觀完美融合，被選為世界最美的星巴克，也讓這裡一躍成為知名景點。

INFO

星巴克富山環水公園店

- ⏲ 8:00～22:30
- 休 不定期
- 🚃 JR富山車站北口徒步約16分鐘
- 址 富山縣富山市湊入船町5
- Ⓦ https://goo.gl/GfXCjM

富山縣美術館

　　環水公園水岸旁一棟醒目的建築，是2017年開館的「富山縣美術館」，由建築家內藤廣設計。

　　如同金澤21世紀美術館，富山縣美術館也有許多開放空間，讓人隨時可以親近，像是將屋頂的庭園打造成無論大人小孩都能找到樂趣的遊樂場，也是欣賞立山連峰的好地點，雕刻家三澤厚彥的作品「白熊」陳列在2樓戶外的展示區，即便沒有買票也能上樓欣賞。以「世界・日本・富山」三個面向為理念的館藏與策展水準極佳，館內空間明亮舒適，展現一流美術館的高度。

三澤厚彥的「白熊」

屋上庭園

INFO

富山縣美術館

- ⊙ 9:30～18:00（屋上庭園8:00～22:00）
- ㊡ 星期三、年末年始
- ⑤ 常設展300日圓，企劃展門票依展覽而異
- 🚌 JR富山車站徒步15分鐘
- 🏠 富山縣富山市木場町3-20
- Ⓦ https://tad-toyama.jp/

富山市玻璃美術館

　　金澤的鬧區位於距離車站約10分鐘車程的香林坊與片町，富山市最繁華的地方也不在站前，而是市電「Grand Plaza前」（グランドプラザ前）站附近的「總曲輪」，這裡有富山市最大的百貨公司「大和富山店」，還有一條長約300公尺的商店街，拱廊屋頂造型，即便遇到雨天也不用擔心。走到商店街中段，在大和百貨和另一棟建築之間搭起大型玻璃帷幕，取名「Grand Plaza」，市電也以此來為車站命名。這處為了活化市街而打造的空間明亮寬敞，富有時尚感，幾乎每天都有各種活動或販售展示，冬季時還會設置臨時溜冰場，市民悠閒地在此逛街遊憩，是深受喜愛的一處設施。

富山市玻璃美術館內部

Grand Plaza斜對面有一棟造型顯眼的建築，外牆垂直的玻璃及鋁板以不同角度排列著，宛如立山結冰的岩脈，在太陽下閃耀著光芒，一眼就讓人印象深刻。這棟暱稱「TOYAMAキラリ」的6層樓建物，正是大名鼎鼎的「富山市玻璃美術館」，由建築師隈研吾設計。

在1樓買票後順著手扶梯來到2樓，抬頭一望，眼前光景更是讓我忍不住低聲驚嘆。大氣的內部空間，以大量杉板裝潢，搭配挑高直到頂樓的天井，自然光透過屋頂的玻璃灑入，既溫暖又明亮，彷彿置身在森林裡，原以為外觀就夠精采了，這時覺得室內的設計無疑更勝一籌。館內一半的空間是玻璃美術館，另一半則作為「富山市立圖書館本館」，這時不由得羨慕起富山市民，能在這麼棒的空間享受閱讀。

玻璃美術館的常設展室分別設在2個樓層，4樓是館藏展，展出富山市三十多年來所收藏具有代表性的現代玻璃藝術作品，6樓則有美國籍玻璃藝術巨匠Dale Chihuly的五件大型作品，呈現空間藝術與高超的玻璃創作技巧，非常值得一看。

富山市玻璃美術館無論是建築本體或是展覽，都讓人感到無比驚艷，我試著透過鏡頭，想好好地將館內的建築之美記錄下來，卻總覺得無論怎麼拍，也無法完整傳達親眼所見時的感動，索性放下相機，坐在椅子抬頭仰望，好好感受其壯美。來到富山旅遊時，推薦來這裡親身體驗，欣賞建築師精心打造的絕妙空間。

INFO

富山市玻璃美術館

- ⏰ 9:30～18:00（星期五、六～20:00）
- 🚫 每月第一及第三週的星期三、年末年始
- 💲 常設展200日圓，企劃展門票依展覽而異
- 🚃 市內電車環狀線「Grand Plaza前」下車徒步約2分鐘
- 📍 富山縣富山市湊入富山縣富山市西町5-1
- Ⓦ https://toyama-glass-art-museum.jp/

▌搭富山LRT到岩瀨散策

富山LRT

在日本提到輕軌LRT系統，大家第一個聯想到的一定是富山。將過往沒什麼乘客、幾乎已經成為盲腸段的JR富山港線，改造成日本第一條真正的輕軌系統，又稱為「次世代路面電車」，比起傳統鐵道更為舒適且容易搭乘、班次增加，旅客隨之倍增，沿線也重新活絡了起來。

這條重獲新生的富山LRT全長7.6公里，設有十三座車站，單程約25分鐘，全車隊共有7輛，每輛以2節車廂編成，均為低底盤車輛。富山LRT設計一位鐵道少女「岩瀨ゆうこ」（岩瀨優子）作為代言人。出生在大家庭的岩瀨優子，是家裡年紀最小的小孩，擁有介護福祉士的資格，喜歡貓，據說懂得喵星語，很可愛的角色設定，也是日本「鉄道むすめ」（鐵道少女）的知名人物之一。

由於富山市已在2020年，將原本被JR富山車站阻斷的路面電車路線南北連通，原本由第三部門經營的富山LRT也正式併入富山地方鐵道公司，現在從最北的岩瀨濱站，可以一路搭到南富山站前，便利性大幅提升，票價採單一費率，使用Passca和ecomyca這兩張IC卡票價另有優惠。動漫迷可以放心的是，岩瀨優子沒因為公司合併而被資遣，在各個車站依然能看到她充滿元氣的身影。

岩瀨散策

搭乘富山LRT電車一路往北，來到終點「岩瀨浜站」，富山灣就在數百公尺之遙，在月台上似乎隱約就能感受到海的味道。岩瀨是一處在江戶時代到明治年間，因為作為北前船航路的交易地而繁榮的港町，至今仍保留許多歷史建物，風景與現代化的富山市街迥異。

岩瀨運河及美人魚雕像

　　出站後往主要馬路走，眼前就是橫跨岩瀨運河的「岩瀨橋」，左手邊的建築物是「岩瀨カナル会館」（岩瀨運河會館），也可以從富岩環水運動公園搭船走水路來到這裡。渡橋後立刻右轉，順著大馬路走就能看到地標「富山港展望台」，20公尺高的建築，造型獨特，以守護當地的信仰中心「金刀比羅社（琴平神社）」境內的常夜燈為原型建造，登上展望室，可遍覽岩瀨市街，天氣好時也能看到立山連峰。

```
1 | 2
-----
3 |
```

1. 岩瀨的特色店家
2. 富山港展望台
3. 大町新川町通り

　　轉進小路，景觀為之一變，筆直乾淨的街道是古代「北國街道」的一部份，全長有數百公里，往南可一路通往滋賀縣的彥根。位在岩瀨的這一段稱為「大町新川町通り」，兩側整排的木造建築保存完整，有些商家擁有寬闊的門面，或是結合白壁土藏（倉庫），早期都是做為「問屋」（即大盤商）之用。其中最有名的當屬「北前船迴船問屋 森家」，典型海商的住宅樣式，1878年建於東岩瀨港最興盛的時期，藉著本身經營海運之便，用的都是來自全國各地最好的建材，厚重的金庫、精雕細琢的倉庫大門，不難想見財力之雄厚，是了解岩瀨發展歷史的最好地方。

	1	
2	3	4
		5

1. 岩瀨大町公園
2. 傳統木造建築
3. 岩瀨的酒造店
4. 北陸銀行
5. 市電東岩瀨站

　　一旁北陸銀行的木造建築也很有特色，前身岩瀨銀行是由北前船豪商船主所創立；森家對面的岩瀨大町公園裡矗立的瓦斯路燈樣式典雅，在19世紀初期岩瀨可是日本最早採用混擬土和瓦斯街燈等西洋建築技術的地方之一，這些妥善保留下來的文物史蹟，已足以讓人拼湊想像這條北國街道過往船東、商人熙來攘往，碼頭邊工人勤奮勞動的繁榮景象。

這趟歷史散步可一路走到市電「東岩瀨站」，是JR富山港線時代保留下來的木造車站，充滿懷舊的氣氛。街道上鮮少人蹤，更不見大都市隨處可見喧囂的觀光客，或許北前船所創造的黃金時代已遠不再復返，褪去過往輝煌的岩瀨承載著這段歷史，已成為重溫美好明治時代的最佳地方。

INFO

北前船廻船問屋森家

🕐 9:00～17:00

💲 大人100日圓

🚌 富山市電「東岩瀨站」徒步約10分鐘

📍 富山縣富山市東岩瀨町108

岩瀨散步地圖

▌高岡與新高岡

　　配合2015年北陸新幹線通車，沿線幾座全新車站也同步開業，如JR糸魚川、JR黑部宇奈月溫泉，JR新高岡也是新設站，冠上個「新」字，以和原本的高岡車站有所區別，與JR新大阪、JR新橫濱的命名邏輯一樣。

　　高岡市是富山縣內僅次於富山市的第二大城市，人口近17萬。1609年在加賀藩主前田利長建立高岡城後開始發展，城下町商業繁榮，代表性的傳統工藝是高岡銅器、漆器和佛壇，受惠於豐沛的水力及電力，目前是日本的鋁業重鎮。

JR 新高岡車站內的高岡大頭盔

高岡車站前大伴家持像

位在市中心的高岡車站規模不大，卻匯集了JR西日本的「冰見線」、「城端線」，愛之風富山鐵道、以及由万葉線株式會社經營的路面電車「萬葉線」〔註〕，是重要的交通樞紐，車站附近也比較熱鬧。

JR新高岡車站則位於高岡車站南邊，和台灣許多高鐵站一樣，位在新開發區域（謎之音：就是周邊什麼都沒有），附近只有一間AEON購物中心。兩站相距約1.8公里，有點尷尬的距離，步行可及，卻又有些浪費時間，所幸有JR城端線連結兩地，且車程也只要短短的3分鐘，聽起來很美好，但真實的狀況是班次非常稀少，平均1小時只有1班車，所以如果從富山要往來高岡，搭乘速度比較慢的愛之風富山鐵道說不定反倒是比較聰明的選擇，18分鐘的車程也僅比新幹線多10分鐘，持JR北陸周遊券可以搭乘這段區間的普通列車（搭乘速度較快的Liner需另外加價）。

高岡車站地圖

JR 新高岡車站地圖

註 日本現存最古老的和歌集《萬葉集》作者大伴家持（718～785年），在奈良時代曾於現在的高岡出任國守一職，與當地有深刻的因緣，因此路面電車公司以萬葉為名，車站前也立了一座大伴家持的銅像。

高岡大佛

　　日本有廣為人知的三大佛，分別是鎌倉「高德寺」大佛、奈良「東大寺」大佛，以及「高岡大佛」，很平均的分佈在關東、關西及北陸。高岡居民習慣以「大佛先生」（大仏樣）尊稱的高岡大佛，是一尊莊嚴的「阿彌陀如來」座像，用高岡銅器打造而成，高約16公尺，是高岡的象徵。

從坂下町遠遠就可以看到大佛

　　高岡大佛位在市區，有兩個方式可以前往。第一種是從高岡車站內搭乘萬葉線路面電車到「坂下町」停留所，再步行約5分鐘。另一種方式是直接從JR高岡車站的「古城公園口」步行前往，由於站前交通動線有些混雜，可利用車站地下一樓的地下街連通到對面的街廓。高岡車站地下街是北陸地方最早的地下街，整個富山縣也就這麼唯一的一條，店舖不多，和大都市的相比可說是迷你等級，不過整體明亮乾淨，且結合公共空間和藝廊，假日常舉辦各式表演活動。

Info 高岡車站地下街：http://b1.curuntakaoka.com/

1 | 2
1. 高岡車站地下街
2. 御旅屋通商店街

　　從地下街上來就是「末廣町商店街」，直走遇到「御旅屋SERIO」後右轉進「御旅屋通り」商店街，順著指標前進即可抵達，沿途還能欣賞到許多精彩的銅像作品，像是桃太郎、野狼與七隻小羊，還有以「傳承之門」（伝えの扉）為主題的青銅製公共藝術雕像，發想自傳統「鳥獸戲畫」，兔子、青蛙生動躍然於街頭，非常有趣。

1 | 2　　1~2.傳承之門藝術雕像

供奉高岡大佛的「鳳德山 大佛寺」，位在地勢較高的住宅區內，就像一座社區公園，不用收門票、也沒有圍牆的隔離，是日本三大佛中最容易親近的一尊。經常可以看到老師帶著小朋友來這裡戶外教學。

目前的高岡大佛其實已經是第三代。第一代的木造大佛要遠溯回13世紀，原本供奉於近郊二上山麓的大佛殿內，1609年被前田利長移到緊鄰高岡城下的現地，1821年於大火中燒毀，二代大佛同樣是木造，建於1841年，到了1900年又不幸再次全毀於肆虐的祝融。

數百年都有大佛守護的高岡，彷彿少了信仰中心，居民都相當不捨，在地方人士松木宗左衛門和荻布宗四郎兩位關鍵人物的積極奔走之下，正所謂「有願就有力」，歷經二、三十年的努力，克服許多困難，總算完成新的大佛。為了避免重蹈前兩次的憾事，這次採用耐火的青銅材質，由高岡銅器職人以四百年來代代相傳的精湛手藝，打造出plus版的大佛，並在1933年舉行開眼儀式，「三代目高岡大佛」正式接棒自前兩代大佛，微開的雙眼，持續守護城內的眾生。

高岡大佛剛完成那年，与謝野晶子正好來到高岡參拜，她仔細端詳大佛的容貌，不禁讚嘆第三代大佛真是美男子，成為一段流傳至今的有趣軼事，也拉近了大佛與人們的距離。

INFO

高岡大佛

- ⊙ 參拜時間全日開放。大佛底座迴廊6:00～18:00
- Ⓢ 免費
- 🚌 高岡車站徒步約10分鐘；萬葉線「坂下町」停留所徒步約5分鐘
- 📍 富山縣高岡市大手町11-22
- Ⓦ http://www.takaokadaibutsu.xyz/

高岡古城公園

高岡古城公園地圖

　　距離高岡大佛約300公尺的高岡古城公園，是高岡市中心最大的綠地，高岡城也名列日本一百名城之一。

　　但如果以為可以看到高聳的天守或連綿石垣，可能會有點失望。這裡原本確實有一座由加賀藩前田家2代當主前田利長於1609年所築的高岡城，但很快就因「一國一城令」而廢城，於是改為加賀藩儲存米糧、鹽、火藥的倉庫，在1821年的高岡大火中全毀（第一代高岡大佛同樣毀於這場惡火），如今僅存本丸和二之丸的基本構造及連接兩者的石垣，讓後人能依稀追尋過往的吉光片羽。進入明治時代，當地政府將城跡整備成高岡古城公園，作為護城河的水濠環繞整個公園，佔了1/3的面積，自然生態豐富，春天是一處賞櫻名所。

INFO

世界第二好吃的菠蘿麵包（高岡店）

- ⓧ 10:00～17:00
- ⓧ 星期三
- ⓧ 高岡車站徒步約5分鐘（末廣町商店街上）
- ⓧ 富山縣高岡市高岡市末広町7-8
- ⓦ http://melonpan-ice.com

JR高岡車站周邊地圖

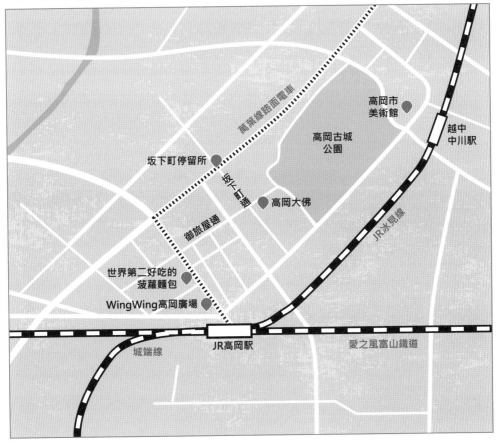

國寶瑞龍寺

　　除了高岡大佛，高岡還有一處重量級的景點，是整個富山縣唯一被日本政府指定為「國寶」的重要文化財：「瑞龍寺」。

　　瑞龍寺創建至今已有四百多年的歷史，前身「寶圓寺」由前田利長創建於金澤，之後才移至高岡。第三代藩主前田利常以哥哥利長的法名，將其改為瑞龍院，並大幅整備擴建，寺域廣達3萬6千多坪，也奠定現今所見的規模。瑞龍寺長年以來受到前田家族的愛護，領有三百石，是名符其實的大寺。

　　作為曹洞宗的佛教寺院，瑞龍寺的禪宗伽藍建築是近世經典之作。購票後進入總門，眼前就是壯觀的山門，走道兩旁是大片的白沙枯山水，從山門開始，迴廊完整串連禪堂、大庫裡、鐘樓、大茶堂，乃至於最深處的法堂，唯一沒有迴廊連通的是佛殿，迴廊之外的空地則是草坪，對稱的安排，呈現「日」字形。雖說京都的寺院更多，在瑞龍寺卻能

1	1. 白沙枯山水及山門
2	2. 總門
3	3. 山門
4	4. 佛殿

感受到不同於京都的氣氛，境內非常幽靜，參拜者無不降低音量，放緩腳步，深怕破壞這修行之地。山門、佛殿、法堂排成一直線，規模宏偉氣派，也是瑞龍寺建築的最精華。

　　瑞龍寺幾乎是位在JR高岡車站和JR新高岡車站的中間，無論由哪一站前往，距離都差不多。從高岡車站的瑞龍口寺，先直走，遇到八丁道後右轉即可抵達，這條小徑是瑞龍寺的參道，兩旁廣植松樹的石坂路平整好走，另一端能通往前田利長的墓所；如果從JR新高岡車站，同樣要由瑞龍寺口出站，沿途經過的是住宅區，這段路稱為「瑞龍寺道」，街道非常整潔乾淨，指標也清楚，走起來讓人印象深刻。

1	2	3	1~2. 迴廊
	4		3. 佛堂內部
			4. 八丁道

瑞龍寺周邊地圖

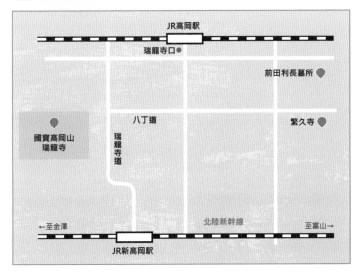

JR高岡駅
瑞龍寺口
前田利長墓所
八丁道　　繁久寺
國寶高岡山　瑞龍寺道
瑞龍寺
←至金澤　　北陸新幹線　　至富山→
JR新高岡駅

INFO

瑞龍寺

- 9:00～16:30
- 大人500日圓、中學以上200日圓、小學生100日圓
- 高岡車站徒步10分鐘；JR新高岡車站徒步15分鐘
- 富山縣高岡市關本町35
- http://www.zuiryuji.jp/

▓ 尋找哆啦A夢

　　無論時代怎麼改變，也不管被稱為《小叮噹》或是《哆啦A夢》，這部漫畫絕對是許多人心中永遠無法被取代的經典。《哆啦A夢》的作者「藤子不二雄」出生並成長於高岡，來他的故鄉朝聖，也成了許多人來到高岡旅遊的主要目的。

　　2017年日本廣受好評的NHK連續劇《ひよっこ》（少女的時代）中，當女主角「みね子」（有村架純飾）搬到新公寓時，遇到兩位來自富山縣的年輕漫畫家，漫畫雖然一直都賣不出去，不過還是以家鄉的英雄藤子不二雄為目標，努力作畫，期望有朝一日能成為名漫畫家，兩人不但共用筆名、連裝扮都仿效藤子不二雄。劇情會這樣設計其實一點也不突兀，因為藤子不二雄的確是兩個人，是日本漫畫巨匠「藤本弘」及「安孫子素雄」的共同筆名。

　　高岡是藤本弘的出生地，安孫子素雄則出生於高岡隔壁更鄉下的冰見。安孫子素雄小學時轉學到高岡，和藤本弘同班，兩人都喜歡繪畫，個性都比較宅，從此成為好朋友；兩人國中時在書店無意間買到一本漫畫之神「手塚治蟲」的新作品《新寶島》，大師如同電影般的分鏡讓兩個國中生深深著迷，也萌發了兩人「要畫出這樣的漫畫的想法」。

　　高中時兩人自告奮勇在《每日小學生新聞》創作連載四格漫畫，逐漸嶄露頭角，畢業後受東京的出版社委託，開始創作漫畫單行本，兩人以「足塚不二雄」為筆名正式出道，「足塚」想當然爾是模仿手塚治蟲，有向大師致敬之意，「不二雄」這三個字則從兩人的名字組合而來，不二的發音「Fuji」和「藤」一樣，再加上素雄的「雄」所組成，不久後將筆名改為藤子不二雄，並且一用超過三十年。

1｜2　　1~2.哆啦A夢的散步道

1 | 2　　1~2.哆啦A夢郵筒

　　兩人用了這個筆名後所創作的第一部暢銷作品是1964年開始連載的《小鬼Q太郎》，然而這部經典之作其實也是兩人合作的最後一部，之後雖然持續共用筆名發表，但都是各自畫自己喜歡的題材。安孫子素雄喜歡嚐試各種新題材的作品，挑戰不同年齡層的作品，藤本弘都保持著一顆童心，這點反而比較像《麵包超人》的作者柳瀨嵩。

　　天下沒有不散的筵席，到了1987年，兩人覺得已經到了這把年紀（當時都50幾歲了），各自獨立、單飛一次，畫自己喜歡畫的豈不更好？於是共同對外發表聲明：「實際上一起創作只是最初的時候，但之後兩人都是各自創作不同的作品，僅繼續以藤子不二雄的名義發表，因此以後各自獨立作業就好了。」此後兩人正式拆夥，並以不同的筆名「藤子・F・不二雄」及「藤子不二雄Ⓐ」持續創作各自擅長的領域，其中藤子・F・不二雄已於1996年過世，享年63歲。

　　《哆啦A夢》正是由藤子・F・不二雄創作，影響力遍及全世界的漫畫。

CURUN&WingWing高岡廣場

　　「クルン高岡」（CURUN高岡）和高岡車站所組成的車站大樓，在1樓交通廣場候車區裡，設了一座比人還高的哆啦A夢郵筒，這是為了紀念藤子・F・不二雄80歲冥誕而設立，以高岡銅器製成，信件投入這個郵筒後，經郵局處理時會蓋上限定的哆啦A夢郵戳喔。

　　位在高岡車站對面的「ウイング・ウイング高岡」（WingWing高岡），在1樓廣場設了一條「哆啦A夢的散步道」，同樣活用高岡銅器的技術，將哆啦A夢裡主要人物作成一尊尊雕像，陳列在廣場入口，宛如一條迎賓大道，也像是高岡對所有到訪者的歡迎。

高岡おとぎの森公園

　　哆啦A夢裡出現最多次的場景，除了大雄的家，應該就是有著三根水泥管的空地了。相信許多人小時候一定也曾想像如果在自家附近能有一片這樣的空地那該有多好！可以打棒球或像大雄那樣躺在水泥管發呆睡覺（聽胖虎唱歌開演唱會就不必了）。所以如果你是哆啦A夢迷，那絕對不能錯過「高岡おとぎの森公園」（高岡御伽之森公園），因為在這座公園的一角，完整重現了這片空地。

　　高岡御伽之森公園位在JR新高岡車站的西邊約1.5公里處，佔地遼闊，約有2.5個東京巨蛋的大小，原本對當地居民來說是都市內遊憩休閒的好地方，卻因為這個哆啦A夢的空地，成為許多大人特地前來尋找的夢幻場景。

　　公園所在的位置交通上不算太方便，從JR新高岡車站瑞龍寺口步行前往是最近的方式，沿路平整好走，有點像是四國遍路走在鄉間時的感覺，不過沒有指標，要小心不要走錯路了。

還沒抵達前遠遠就可以看到一座像是太空梭的建築，是公園內最醒目的地標。哆啦A夢的空地就在一旁不遠處。大雄和哆啦A夢高舉著手歡迎大家，胖虎佔據了水泥管，一副準備要開演唱會的樣子，小夫很識相閃得遠遠的，靜香則和哆啦美相視而笑，所有人物均以漫畫中所設定實際身高做

成，身在其中，會感覺自己也完全融入卡通世界，毫無違和感；公園裡還有許多遊樂器具，如果是帶小朋友來，絕對可以消磨大半天的悠閒時光。

高岡御伽之森公園裡還廣植玫瑰花，超過50個品種，玫瑰園設計成愛麗絲夢遊仙境裡花園的模樣，每年的5月、7月、10月是最佳賞花期。

INFO

高岡御伽之森公園

- ⏱ 境內自由
- 🚃 JR新高岡車站徒步約15分鐘
- 📍 富山縣高岡市佐野1342
- 🌐 http://www.info-toyama.com/spot/21102/

前往哆啦A夢空地路線圖

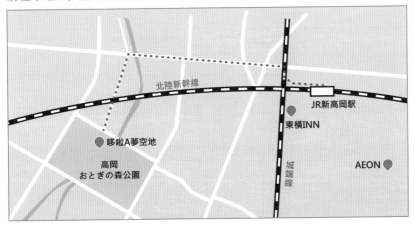

▥ 萬葉線與海王丸

　　在高岡市的路面電車「萬葉線」上，也能發現哆啦A夢的蹤跡。

　　連接高岡市與射水市的萬葉線路面電車，原該是一條已然不存在的路線。前身為高岡軌道線及新湊港線兩條舊鐵道，因為受私人運具普及與少子化影響，營運日益惡化，虧損連連，原本已打算廢線改由公車代替，但考量以軌道形式存在仍有其價值，於是成立「萬葉線株式会社」，接手「加越能鐵道」所讓渡之經營權，於2002年開始運行，是日本第一條由第三部門經營的路面電車，2004年初導入新型超低底盤車輛「MLRV1000型」，展現全新的風貌。

1 | 2 　1. 萬葉線 MLRV1000 型電車
　　　2. 哆啦 A 夢電車

車門就是哆啦 A 夢的道具任意門

158

萬葉線從JR高岡車站發車，一路往北開到富山灣旁的「越ノ潟」，班次是很規律的每15分鐘發一班車，原本大多是當地居民在使用，在2012年9月，為了紀念哆啦A夢誕生（2112年9月3日）前100年，推出一列「ドラえもんトラム」（哆啦A夢電車），意外收到很好的效果，原本只打算運行一年，因海內外遊客持續風聞而至，使得運行期間一再延長，如今已成為固定運行的車輛。

原先MLRV1000型電車均為紅色，這列主題電車依照哆啦A夢身體的顏色，改為藍色塗裝，黃色的鈴鐺也沒漏掉，掛（畫）在車身紅色線條下方，車窗以白色的簡單線條呈現6位主角，車門外框漆成粉紅色，有看出來是什麼嗎？沒錯，正是哆啦A夢最受歡迎的道具「任意門」。車廂內部同樣講究，牆壁畫著漫畫中登場過的各種道具，天花板則有所有人物戴著竹蜻蜓在天空翱翔的模樣，兩節車身連結處，巧妙標示著129.3公分，讓小朋友可以和哆啦A夢的實際身高比較看看，無論大人小孩，只要搭上這輛車總是帶著上揚的嘴角、歡笑聲不斷。

萬葉線株式会社本社

　萬葉線路面電車採里程計費，起程200日圓，最高票價400日圓，下車前在車上直接投現即可。搭乘哆啦A夢電車每天約有8個班次往返（每週三為檢修日不運行），搭乘時不需額外加價，如要搭乘的話，建議可先到官網查詢確認。另外，萬葉線也有發行一日券（900日圓），適合途中下車的旅客，可在車上直接跟駕駛購買。

　電車公司還為哆啦A夢電車開發許多周邊商品，可在高岡車站、JR新高岡車站，以及「米島口」停留所下車即可抵達的「萬葉線株式会社」內買到。

Info 萬葉線路面電車：http://www.manyosen.co.jp/index.html

貴婦人海王丸

　路面電車從高岡車站出發後一路往北，在「中伏木」停留所即進入射水市，一個緊鄰富山灣的靜僻漁村，人口比高岡更少。電車之後往東開往新湊港，抵達終點前一站的「海王丸」停留所，有一處值得下車探訪的景點：「海王丸Park」。

海王丸Park周邊地圖

下車後依指標步行約10分鐘，穿過偌大的停車場，視野就開闊了起來，眼前不遠處一艘白色的帆船及一條看似綿延不絕的斜張橋，分別是「海王丸」和「新湊大橋」，海王丸靜靜停泊岸邊，在藍天大海下，構成如畫的風景，富山灣果然是世界最美的海灣之一。欄杆前方有個船舵，寫著「戀人的聖地」，按下船舵上的按鈕，還會流瀉出日本抒情名曲的音樂，是一處絕佳的浪漫拍照點。

$1 \begin{array}{|c} 2 \\ \hline 3 \end{array}$

1. 富山灣是世界最美的海灣之一
2. 海王丸停留所
3. 戀人的聖地

1	
2	3	4

1. 海王丸又被稱為「海上貴婦人」
2. 海王丸的船桅
3. 詳細的海王丸歷史介紹
4. 船艙內錯綜複雜的通道

　　既然都來到這裡，就登上海王丸號參觀吧。這艘造型優美的大型帆船，其實原本是作為商船學校的練習船，於1930年2月14日下水服役，歷經五十四年，總共航行的里程可繞地球五十圈，有「日本的海洋王者」封號，培養出上萬名航海人員，除役後保留當時的樣子在此公開展示。四根高聳的船桅，張帆時姿態優雅醒目，又被稱為「海上貴婦人」。

　　和現代大型郵輪相比，海王丸已顯得嬌小，不過實際到船上參觀會發現要走完一遍還是得花上不少時間，船艙內錯綜複雜的通道，服役時每個空間都要作最有效的利用，畢竟船上載了上百人，一次出航往往又要數個月的時間；看著船內這麼多儀器設備，或許已然稱不上先進，但讓人確信真的足以在浩瀚大洋中航行萬千海浬。

　　如今每個空間依原用途作成展示室，附上詳細的說明，搭配專業的航海知識，非常用心。台灣固然是個海島國家，大家對船卻不一定熟悉，更何況這是艘有些噸位並充滿歷史況味的大帆船，完整參觀見習一次，彷彿上了一堂精采的航海課。

　　船艙內選定了一個小空間，可讓情侶掛上「愛的鎖」；甲板船尾附近的銅製「時鐘」（タイムベル）在夕陽的照射下，發出耀眼的光芒，拉動下方繩索即能發出清脆的音色，原本作為船上報時之用，是所有在船上接受過訓練的人皆難以忘懷的聲音。除了原本用途，據說還可以「呼喚幸福」，或許和海王丸的下水日正好是西洋情人節有關吧，如今已被選定為「戀人的聖地」，有不少新人特地選在這裡舉行結婚儀式呢。

	2	3
1	4	5
6		
		7

1. 海王丸的救生船
2. 氣派的船長會客室
3. 通信長室
4. 士官 saloon
5. 實習生寢室
6. 船上戀人的聖地
7. 銅製時鐘

INFO

帆船海王丸

- 🕒 9:30～17:00
- 休 星期三、年末年始
- $ 大人400日圓、中小學生200日圓
- 🚃 搭萬葉線電車在「海王丸」停留所下車、徒步約10分鐘
- 址 富山縣射水市海王町8番地
- W http://www.kaiwomaru.jp/

雨晴海岸

▌▌▌冰見線和雨晴車站

　　不得不說「雨晴海岸」這個名字很有魅力，會吸引人想來此一探究竟。

　　「雨晴海岸」在JR「雨晴站」附近，位於JR冰見線（氷見線）上，從JR高岡車站出發，約20分鐘的車程就能抵達有著壯麗景致的祕境海岸。

　　漫畫《忍者哈特利》是藤子不二雄Ⓐ的名著之一，這部早期被翻為《忍者小叮噹》的漫畫，對許多五、六年級生而言，是童年時除了小叮噹外，也必定喜歡的作品，在著作權以及日本影視商品還不是那麼被重視與普及的年代，不時就會到鄰近的錄影帶出租店巡一下，期待能租到新到貨的卡通，相信是不少人的共同回憶。

由於冰見是藤子不二雄Ⓐ的出生地，2004年時，JR 西日本即特地為這部作品在冰見線上打造了「忍者ハットリくん列車」（忍者哈特利列車）。車身全部都是忍者哈特利的登場人物，有師承伊賀忍術的少年忍者服部貫藏、弟弟新藏，宛如大雄與靜香分身的健一及夢子、寵物獅子丸，還有飾演反派角色的甲賀忍者煙卷及影千代（忍者貓），無一不躍然生動，讓人立刻就沉浸在這部經典漫畫的故事情節裡。觀光客無不興奮的到處拍攝這部可愛電車，當地的學生對這輛主題電車早已見怪不怪，安分的坐在位置上等待發車。

忍者哈特利列車的車身塗裝

除了外觀塗裝精彩，車內也不含糊，椅背套、天花板、車窗旁全都是系列人物，最特別的是車上廣播，特別請來動畫服部君的聲優堀絢子配音，介紹這是安孫子素雄的故鄉，還有沿線及車站資訊，內容豐富逗趣。這條僅有16.5公里的地方鐵道，出了高岡市區後隨即沿著富山灣的海岸線行走，以美麗海景著稱，不過這條路線所行經地區人口不多，利用主題列車是提升知名度和吸引觀光客的積極作法。

		1
2	3	4
5	6	7

1~5.忍者哈特利列車的車身塗裝
6~7.忍者哈特利列車車內裝飾

1	2
3	4

1. JR 雨晴車站月台
2. JR 雨晴車站
3~4.車站及月台上均有以立山連峰為主題的照片

　　列車行經「JR越中國分」後，右手邊隨即可看到有著湛藍海水的富山灣，不久就抵達「JR雨晴」。使用這個車站的人不多，有些冷清，這也難怪，這一站是整條冰見線旅客最少的小站，平均每天只有約160人利用，若不是車站外還有民宅，還真讓人有種來到秘境車站的感覺。

　　木造車站裡放了幾幀絕美的風景照，有日出、更有連綿的高山，正是這裡最大的賣點，因為獨特的U型海灣，不用搭船出海，天氣好的時候就可以看到在內陸的立山連峰，尤其是每年的元旦，總會擠滿許多不畏低溫、前來爭睹第一道曙光的民眾。在冬季時分，由於海水溫度會高於氣溫，海面上會形成一種稱為「氣嵐」（きあらし）的現象，白霧氤氳搭配日出的金黃色光輝和遠方綿延起伏的立山連峰，是許多熱愛風景攝影的攝影師夢寐想要拍到的天然絕景。

　　門口貼了張手繪地圖，標示出女岩、義經岩的位置，並指引在這一站下車的觀光客如何步行前往海岸。「雨晴」這帶著幾許浪漫氣息的地名，背後卻有著一段讓人驚心動魄的典故。相傳八百多年前源義經（即開創鎌倉幕府的源賴朝同父異母弟弟）為了躲避兄長源賴

朝的追捕，打算從京都逃往東北的平泉。逃亡途中，經過這裡時下起了大雨，源義經一行人在海岸旁的「岩陰」等待天晴而得名。義經的從僕武藏坊弁慶抬了一顆巨石給眾人躲雨，因此這個地點如今又稱為「義經岩」，還立間「義經神社」。從日本地圖可以看得出來，從京都經過富山海岸再往東北走完全不順路，但這是躲避處處戒備森嚴的關東所不得不採的路徑，不難想像當時情況的險峻。

經過平交道前方就是雨晴海岸

走出車站往右轉40公尺隨即會看到一個小路口，這時右轉經過平交道，前方就是雨晴海岸了。平日清晨遊客極少，到訪時只有幾個人在沙灘上散步，小女孩不時彎下身子，撿拾腳邊的貝殼，冬末冷冽的空氣伴隨讓人感到一絲暖意的陽光，走起來很舒暢；岸邊立著一塊大理石碑，寫著「國指定名勝 有磯海」，是這片海域的古名，明媚的景色，在松尾芭蕉傳世的《奧之細道》中也曾提到這片有磯海。

1 | 2
  | 3　　1~3. 女岩及立山連峰

　　這邊屬富山灣的西側，深度比起東岸要深了許多，海浪也顯得洶湧，沿著海岸線直走，一座迷你小島「女岩」轟立海中，頂端昂然挺立著一棵松樹。周圍僅有約80公尺的女岩，因為能襯托著立山連峰或是日出的景致，攝影師拍照構圖時總會將其入鏡，讓畫面更顯豐富。其實女岩離海岸不遠，感覺退潮時就能踩著露出海面的岩石登島。

義經社

　　海岸步道的終點就是大名鼎鼎的傳說之地「義經岩」了，緊鄰著平交道，鳥居寫著「義經社」字樣，僅十餘級的岩石階梯，最上方立著神社和一對石獅，可登頂參拜。悠然的海岸線，和立山連峰共同組成的夢幻絕景，是來到高岡時很值得特地前來一遊的地方。

INFO

雨晴海岸

🚌 搭乘JR 冰見線至「JR雨晴車站」下車徒步3分鐘

🕐 建議停留時間：大約1小時

1	2
3	4

1~2. 潮風通り
3. 漫畫 Road 上設置許多漫畫人物
4. 冰見魚的紳士錄

▋▋冰見小鎮與忍者哈特利

　　慢慢走回雨晴車站搭車，在這條鐵道路線的終點「JR冰見車站」下車。

　　冰見是個以漁業著稱的靠海小鎮，讓人感到有種清涼感的特殊地名，由來有幾種可能，其中一種源自「從海上可以看見立山連峰的萬年雪」，是比較浪漫的說法。

　　出車站後直走右轉，就是冰見市的中心，有一條長長的商店街「潮風通り」，筆直的街道，兩旁均是商店，沒有雜亂的招牌，看得出市民對居住品質的重視，但許多商家卻是鐵門深鎖，沒有營業，顯得有些落寞。不過這裡畢竟是藤子不二雄Ⓐ的故鄉，為了活絡商圈，冰見市役所將這條商店街打造成「漫畫Road」，每隔一段距離就設置一尊漫畫公仔，當然少不了忍者小叮噹全體人物，郵筒上方還有服部揹著弟弟新藏的紀念雕像；為了更突顯當地特色，還請藤子不二雄Ⓐ將富山能捕獲的一些魚種擬人化，有鰤魚、螃蟹、章魚、花枝、鮟鱇魚……等，取名為「冰見魚的紳士錄」，全部活靈活現的分佈在商店街的兩側，成為當地的一大特色。

1│<u>2</u>
 │3

1. 忍者哈特利機關鐘
2. 藤子不二雄 Art Gallery
3. 服部新藏

　　流過市街有條小河流稱為「湊川」，位在商店街附近，當地特別設置了一座「忍者哈特利機關鐘」（忍者ハットリくんカラクリ時計）橫跨河面，平時就像一座現代感的金屬裝置藝術，每到整點（假日是每30分鐘一次），橋面會開始噴出水霧，伴隨忍者哈特利的主題音樂，劇中人物會從橋身中陸續出現。接著服部還會和死對頭煙卷來一段施展噴水的忍術大對決，最後健一手拿舞獅出現，結束這場約4分鐘的演出，小朋友在一旁看得津津有味，橋都已經復歸原貌了依然捨不得離去。

　　如果沿路的動漫人物還看不過癮，商店街的終點有一間「藤子不二雄ⒶArt Gallery」（藤子不二雄Ⓐアートコレクション），又稱為「冰見市潮風Gallery」（冰見市潮風ギャラリー），展示這位漫畫巨匠的原畫作及複製畫，館內還重現昭和30年（1955年）「常盤莊14號室」（トキワ莊14号室）的樣子，只有簡單的桌子、檯燈、留聲機和畫筆，當時物資雖然缺乏，卻澆不熄兩人的熱情，在狹小的工作室裡創作出許多傳頌後世的大作；2樓蒐藏約1,000冊藤子不二雄Ⓐ的漫畫，以及可互動的數位大螢幕，能化身成忍者，是很適合親子一同前來的博物館。

INFO

藤子不二雄Ⓐ Art Gallery

- 🕙 10:00～17:00（12月29日～1月3日休館）
- 💲 大人200日圓（高中以下免費）
- 🚃 JR冰見站下車徒步約15分鐘
- 🏠 富山縣冰見市中央町3番4号
- 🌐 http://himi-manga.jp/shiokaze_gallery/

冰見漁港場外市場

依照觀光地圖，從藤子不二雄Ⓐ Art Gallery的路口右轉，左手邊一排約2層樓高的平房，在藍天的映襯下，有種歐洲小鎮的氛圍，路底是冰見漁港，一間製冰工廠旁有一幅大型忍者哈特利壁畫，迎接來訪的旅客，非常醒目，附近還有一處可免費參觀的「冰見市漁業文化交流中心」，能了解當地的傳統漁村文化。

漁港前的大馬路連接一座斜張橋，兩側有人行步道，走過橋梁，左前方就是「ひみ番屋街」（冰見番屋街）。東京有觀光客必訪的「築地場外市場」，「冰見番屋街」正是冰見漁港場外市場，「ひみ」是冰見的平假名寫法，「番屋」這個有些特別的名字源自當地漁師在靠近漁場的海岸線所建的作業小屋。數棟賣場匯集三十多間店舖形成商店街，販賣漁港直送的新鮮魚貨，是當地的熱門景點。冰見番屋街於2012年開幕，相當新穎，各棟定位不同，鮮魚、餐飲、土產分類清楚，內部以原木建築裝飾，挑高空間、窗明几淨，質感不輸百貨公司的賣場。

1 | 2
3

1. 大型忍者哈特利壁畫
2. 冰見市漁業文化交流中心
3. 冰見小鎮風景

戶外有個展望台，如同在雨晴海岸的角度，可遠眺立山連峰。不遠處還設有溫泉，名為「冰見溫泉總湯」，是付費設施，如果不想花錢，旁邊有免費足湯，可以邊泡腳邊欣賞窗外富山灣的美景，在冷冽的冬季尤其受到歡迎。

1		
2	3	
4	5	

1. 冰見番屋街
2. 展望台可遠眺立山連峰
3. 冰見溫泉足湯
4. 冰見的吉祥物出自藤子工作室
5. 冰見市街地周遊公車

冰見的小旅行建議可從冰見車站慢慢散步過來，沿途發掘藤子不二雄Ⓐ的作品與忍者哈特利人物雕像，然後來冰見番屋街用餐，最後再從這裡搭「冰見市街地周遊公車」回車站，比較輕鬆，車資也只要100日圓。

Info 冰見市街地周遊公車時刻表：
http://www.kaetsunou.co.jp/regular/himi-banyagai/

INFO

冰見番屋街

- 🕐 8:30～18:00（各棟略有不同；足湯8:30～17:30）
- 🚫 1月1日
- 🚌 JR冰見站前搭加越能公車，冰見番屋街下車；從JR冰見站下車徒步約20分鐘
- 📍 富山縣冰見市北大町25-5
- 🌐 http://himi-banya.jp/

⫶觀光列車Bells montagnes et mer

　　JR西日本在2015年除了重金打造花嫁暖簾列車，在高岡的城端線及冰見線上，以「移動的美術館」為概念，精心打造另一輛觀光列車「Bells montagnes et mer」（ベル・モンターニュ・エ・メール），車輛結合傳統工藝品「井波彫刻」及「高岡銅器」，搭配富山灣的美鮮，以及沿途美麗的山海風景，推出後廣獲好評，受歡迎的程度不下花嫁暖簾列車。

　　有些讓人不知該怎麼唸的列車名，其實源自於法文，意思是「美麗的山與海」，或許日本人也覺得很饒舌難唸，大多以「べるもんた」（Berumonta）來稱呼這輛觀光列車。

1　　1. JR 城端線新高岡車站月台
2│3　2~3.べるもんた沉穩的墨綠色車身塗裝

　　「美麗的山與海」，很貼切的命名，べるもんた於不同的日期，分別行駛在被群山環繞的城端線，以及沿著富山灣海岸的冰見線。以高岡車站及JR新高岡車站為起站，星期六在高岡到城端間運行，星期日則往北跑，行駛新高岡到冰見的區間，每天各有4個班次往返，由於只有一節車廂，每趟僅能39人搭乘，位置相當搶手。べるもんた全車都是指定席，持北陸地區鐵路周遊券也可以搭乘，只需再另外支付指定席特急券的費用，無論從高岡到城端或是前往冰見都是530日圓，非常便宜。

1 | 2
3 | 4
1. 結合高岡銅器的吊環
2~4. 車內的井波雕刻非常精彩

　　べるもんた外觀塗裝為沉穩的墨綠色，車內以木製裝潢打造，雖不如花嫁暖簾列車那般華麗，但講究細節的程度同樣令人感到驚艷。廣泛運用富山地方傳統工藝「井波彫刻」製作8幅雕刻品，作為車廂內的裝飾，皮革吊環也藏有巧思，以「高岡銅器」為意象，呈現沿線的代表圖樣，如大佛、鬱金香、合掌村。車內有一整排13個面窗座位，窗戶框還特別加以紋飾，讓設計感更顯一致。更厲害的是車尾還設了一個壽司工作台，真正的壽司職人就在車上服務，為旅客提供現做的壽司。

　　星期六行駛的べるもんた51號從高岡車站發車後，沿途停靠新高岡、礪波、福野、福光，最後是終點城端。兩位礪波市觀光協會的志工隨車搭乘，沿途為大家解說，閱歷豐富的長者，講起歷史和小故事特別生動，最後還用傳統樂器來一段小調，獲得滿堂喝采。

1 | 2 | 3
1. 列車上的壽司吧台由真正的壽司職人服務
2. 隨車的礪波市觀光協會志工
3. 紀念乘車證

在礪波車站有志工拿著鬱金香在月台上跟大家打招呼。礪波市緊鄰高岡，是日本最大鬱金香產地，距離車站徒步約15分鐘的「チューリップ四季彩館」（鬱金香四季彩館）是最知名的觀光景點，終年都可以看到盛開的鬱金香，彷彿置身荷蘭，很推薦途中下車一遊。

INFO

鬱金香四季彩館

- ⊙ 9:00～18:00
- ⑤ 高中以上310日圓、中小學生
  150日圓
- 🚃 JR礪波車站徒步15分鐘
- ⌖ 富山縣砺波市中村100番地1
- Ⓦ http://www.tulipfair.or.jp/

當地長者在田邊熱情跟車上乘客打招呼　　　　　　　福野車站月台上民眾手持歡迎布條

　　到了福野車站，月台上有更多民眾手持布條，歡迎旅客的到來，鐵路附近的田埂旁，老先生老太太自發性的舉著小物，臉上掛著興奮的笑容，熱情跟車上打招呼，這情景猶如搭乘四國「伊予灘物語」所受到的待遇一樣，這些互動的機會，也成了搭這輛觀光列車最吸引人的一部分。

　　約40分鐘後，列車緩緩駛入終點站「城端」，志工忙著幫旅客拍照、發送乘車紀念品，也不忘提醒大家先到車站內喝杯熱茶再開始越中小京都的行程。充滿美食、歡樂與人情味的鐵道旅行，如果要說哪裡讓人感到不滿意，唯一一點大概就是乘車時間太短吧。

Info べるもんた：http://berumonta.jp/

	高岡到城端	高岡	新高岡	礪波	福野	福光	城端
星期六	べるもんた51號	09:38	09:43	09:59	10:07	10:15	10:22
	べるもんた53號	13:08	13:12	13:31	13:41	13:48	13:55
	城端到高岡	城端	福光	福野	礪波	新高岡	高岡
	べるもんた52號	10:43	10:53	11:00	11:08	11:25	11:29
	べるもんた54號	14:10	14:17	14:27	14:35	14:55	14:59

	新高岡到冰見	新高岡	高岡（到）	高岡（發）	伏木	雨晴	冰見
星期日	べるもんた1號*	10:01	10:00	10:25	10:39	10:48	10:56
	べるもんた3號	13:55	13:58	14:25	14:42	14:51	14:59
	冰見到新高岡	冰見	雨晴	伏木	高岡（到）	高岡（發）	新高岡
	べるもんた2號	11:05	11:12	11:25	11:36	12:07	12:10
	べるもんた4號	15:15	15:22	15:35	15:48	-	-

*9:45從礪波發車。

越中小京都城端散步

JR城端車站是城端線的終點站，木造平房的建築，已有一百多年的歷史，週末配合べるもんた的到來，設有販售地方特產的攤位，觀光案內所就位在站內，還提供奉茶的服務，是對遠道而來旅客的款待。

JR 城端車站攤位及觀光案內所

城端有「越中小京都」的美譽，已經有三百多年的歷史。目前全日本被稱為小京都的地方共有46個市町，遍布在日本各地，數量遠多於稱為「小江戶」的地方，讓人感到有些好奇。這是由於京都在江戶城創建前，千年以來都是日本最繁華的京城、人文薈萃，即便後來江戶城因商業繁盛而不斷擴展，在幕末一躍成為日本最大都市，卻不怎麼受到其他地方人民的尊崇，因此稱為小江戶的地方相對稀少。不過要能被認定為小京都也不是那麼容易，必須要有和京都相似的自然景觀、街景或氛圍，與京都的歷史能有所連結，或是擁有傳統產業或藝能，才可能被認定為小京都，城端符合其中兩項標準。

越中小京都有兩條河川流經，周邊被山脈所環繞，從江戶時代開始發展絹織產業，以「善德寺」為中心，許多町家、小徑依然保有昔日風情，豪華的城端曳山祭更已被列入聯合國無形文化遺產，在觀光案內所拿一張地圖，就能按圖索驥來一趟小京都之旅。

善德寺本堂

善德寺

　佔地廣大的善德寺可說是城端的信仰中心，文明年間（1470年左右）由京都本願寺第八代蓮如上人開基創建，目前屬於東本願寺（真宗大谷派）的城端別院。入口處二重山門壯觀，展現巍然大寺的氣勢，一入內就可以看到鐘樓堂，每天上午5:30所敲的鐘響是町內熟悉的聲音。本堂可自由參拜，重建於1759年的本堂，起初經費並不充裕，很多細部工程無法顧及，二百多年來地方人士為守護這珍貴的道場，持續的修建，讓本堂有了如今莊嚴的樣貌，法師每天固定兩次的說法也從不間斷，平時這裡遊客不多，在本堂觀世音菩薩座前靜坐沉澱一下，也是旅途中很好的充電方式。

INFO

善德寺

🕐 9:00 ~ 17:00（年中無休）

💲 400日圓

🚌 JR城端線城端車站徒步10分鐘

🏠 富山縣南礪市城端405

🌐 http://www.zentokuji.jp/

```
1 | 2
  | 3
```

1. 本堂供奉觀世音菩薩
2. 山門華麗的木雕
3. 善德寺迴廊

善德寺山門前有家頗具歷史的菓子店「溝口梅華堂」，來此觀光的遊客多會在此帶些伴手禮，也很受當地人的喜愛，配合四季的變化會推出季節限定商品。

溝口梅華堂

野村家的土蔵

今町通り

　　走出善德寺往右轉，有一段
很有特色的石坂路，稱為「今町
通り」，路旁有四棟相連成一排
的建築建在石疊上，是當地財閥
野村家建於明治時代的「土蔵」
（倉庫），外牆以格子狀木材包
覆，是最有小京都風情的地方，
也是2021年評價極高的TBS日劇
《最愛》第一集取景地。街頭一
棟充滿懷舊氣息的兩層樓建築，
大門上掛著「桂湯」兩字，以前
是當地的錢湯，如今已轉型為販
賣雜貨小物的店家。

桂湯

城端曳山會館

2016年底，城端收到來自聯合國教科文組織的好消息，「城端神明宮祭的曳山行事」正式被登錄為無形世界文化遺產。

這項在越中小京都舉行的盛大祭典，已有三百多年的歷史，明治時代以後固定在5月5日舉行，神像坐在豪華絢爛的山車上於町內繞行，由獅子舞開道以降伏邪鬼惡靈，並迎接神靈駕到，一整天在以善德寺為中心南北1公里的城端町內，都可以看到精采的祭典遊行隊伍，也是城端年度最大盛事。

1
2	3	4

1. 城端曳山會館
2. 城端神明宮祭的曳山行事是無形世界文化遺產
3. 館內展示
4. 曳山祭的庵屋台

城端曳山會館內成列展示曳山祭的山車，兩層構造、每座高5～6公尺，布袋和尚、大黑天、關羽、周倉……等神像均出自江戶時代名雕刻家之手，端坐在山車上，顯得威風凜凜，車台的雕工無比華麗精細，讓人一見傾心。還有一座以京都祇園一力茶屋為範本打造的庵屋台，都會出現在遊行行列中，配合忽明忽暗的照明以及祭典音樂，足以想像真正祭典時的震撼。

會館還連結今町通り上的土藏，稱為「藏回廊」，裡面展示眾多文物及關於城端的史料，其實光是欣賞土藏的建築就已經相當值得票價。

曳山祭的山車

INFO

城端曳山會館

- 🕘 9:00～17:00
- 💲 大人520日圓、高中以上學生310日圓、中學生以下免費
- 🚃 JR城端線城端駅徒步12分鐘
- 📍 富山縣南礪市城端579-3
- Ⓦ http://www.info-toyama.com/spot/41028/

True Tears 場景：善德寺會館

True Tears的聖地巡禮

2016年新海誠的動畫電影「你的名字」（君の名は）票房大賣，讓主要場景地飛驒古川、東京掀起一股聖地巡禮風潮，早在2008年日本一部相當受歡迎的動畫「True Tears」（真實眼淚），即讓原本鮮為人知的城端開始受到動漫迷的關注，紛紛來此探尋。

True Tears以城端為故事發生的舞台，描述一段就讀於虛構的「麥端高校」高中生青澀的校園愛情故事。劇中季節主要設定在冬季，將城端冬天如夢似幻的雪景唯美呈現，男女主角仲上真一郎、湯淺比呂美、石動乃繪日常

善德寺前步道

生活的學校、善德寺、會館及周邊道路、街上的餐廳、購物中心等大量場景，都實際以城端町內各處為藍本，栩栩如真，並巧妙將5月的城端曳山祭及9月舉行的「麥屋祭」（むぎや祭）結合，在完結篇前一集盛大呈現，華麗的場面令人心嚮往之，不啻為向年輕族群宣揚傳統文化的絕佳方式。不論看過動畫再實地到城端探訪，或是先去城端再欣賞動畫，都會油然產生一種不可言說的親近感。

　　True tears細緻的畫風播出後讓動畫界為之驚艷，搭配動聽的配樂和主題曲，成為許多人心目中不朽的名作，至今仍有不少來自全國各地的動漫迷會到此進行聖地巡禮，在JR城端車站、城端曳山會館裡也都能看到這部經典動畫的海報。

1. 動畫場景：餐廳
2. True tears 海報

五箇山菅沼合掌造

▍五箇山合掌村

　　「合掌造」是日本傳統建築樣式之一，45～60度傾斜的屋頂，可以避免被厚重的積雪壓垮，可說是為了因應豪雪氣候而生，在日本來說也是少見的形式。歧阜縣「白川鄉」與富山縣「五箇山」聚落，因為位處深山，周邊道路開發的晚，合掌造住宅因此完整的保留下來，宛如世外桃源般的存在，是傳統日本最美的風景之一。1930年代德國建築師Bruno Julius Florian Taut看過日本眾多主要建築後，來到白川鄉考察時看到這樣的構造，提出「這樣的家屋具有結構上的合理性，在日本是很獨特的存在」的觀察，成了日本重新認識合掌造的契機。經由日本政府向聯合國申請，1995年「白川鄉・五箇山合掌造集落」被正式登錄為世界文化遺產，聲名遠播。

白川鄉合掌村

　　觀光客最常前往的合掌村，是歧阜縣白川鄉的「荻町集落」，範圍最大，保留下來的合掌造住宅近六十棟。其實同樣被登錄為世界遺產的五箇山合掌造集落，就位在南礪市，從城端搭乘「世界遺產巴士」，只需23分鐘就能抵達，平日有6個班次、假日有9個班次往返。

　　五箇山有「相倉」、「菅沼」兩個合掌村集落。相倉是登錄世界遺產的3個集落中最北的一處，從「相倉口」公車站下車後徒步5分鐘即可抵達。這裡保留二十棟合掌造家屋，建於江戶時代末期到明治時代末期之間，一旁是水田，另一側有層疊的高山，有種回到百年前古老鄉間生活的感覺，從停車場往上走約5、6分鐘，就能眺望整個聚落。相倉的每棟合掌造幾乎都各有用途，展示館有「相倉民俗館」、「相倉傳統產業館」、「勇助」、「五箇山和紙漉き體驗館」，也有6棟作為民宿。

INFO

五箇山合掌造：相倉集落

- 🕐 8:30～17:00
- 🚌 搭乘加越能巴士在「相倉口」下車，徒步5分鐘
- 📍 富山縣南礪市相倉611

　菅沼距離相倉約15分鐘，更像是被遺留在秘境深處的村落，位在「庄川」旁，營造出另一種風貌，是一處比相倉規模更小的集落。九棟合掌造建築包含展示山村生活用具的「五箇山民俗館」，提供住宿服務的「合掌之里」，以及最特別的，展示製作火藥原料的「塩硝之館」。火藥似乎很難跟合掌村聯想在一起，在江戶時代，前田家除了致力於文化振興，為了強化本身的軍備，特地選在深山的合掌造裡秘密製造煙硝，再運往金澤城，還將煙硝寫成「塩硝」來掩人耳目，身為外樣（即非主流）大名，行事上也只得盡量低調才不會引起德川幕府太多的猜忌。

　　同樣為世界遺產的合掌村，相倉和菅沼集落的知名度顯然低了許多，觀光客數量自然也和白川鄉完全無法比擬，卻也因此多了一份閑靜悠然，可說是內行人才會選擇的景點，如果安排越中小京都行程，可以繼續往南行將這裡連為一線，成為一日小旅行。

INFO

五箇山合掌造：菅沼集落

🕐 4～11月8:00～17:00、12～3月9:00～16:00 、 12月31日～1月1日不開放
🚌 搭乘加越能巴士在菅沼口下車，徒步1分鐘
🏠 富山縣南礪市菅沼578
Ⓦ http://gokayama-info.jp/

主要停車站票價表（兒童半價）				高岡車站 新高岡車站
			城端車站	800日圓
		相倉口	740日圓	1,000日圓
	菅沼口	570日圓	1,100日圓	1,200日圓
白川鄉	870日圓	1,300日圓	1,750日圓	1,800日圓

Info 加越能巴士時刻表：http://www.kaetsunou.co.jp/company/sekaiisan/

　　加越能巴士所發行的幾款周遊券，可在高岡車站1樓待合所、JR新高岡車站的加越能巴士乘車券中心、白川鄉bus terminal購買，可依需求選擇合適的方案。

● 五箇山‧白川鄉Free ticket（2日有效）3,500日圓

● 五箇山Free ticket（2日有效）2,500日圓

● 高岡往五箇山‧白川鄉單程Free ticket（2日有效）2,000日圓

● 世界遺產一日周遊券（白川鄉～相倉口）2,600日圓

▍黑部峽谷鐵道

　　如果您曾經搭過阿里山森林鐵道，一定會對黑部峽谷鐵道有種似曾相似的親切感。

　　1923年，日本電力公司打算開發黑部川的電力，為了運送大量的建材而開始建設這條輕便軌道，並非以載送旅客為初衷。軌道採用的是日本少見的762mm特殊窄軌，車輛也比一般小了一號，建設目的（運送資材）及軌道規格（762mm）均和阿里山森林鐵道一樣，目前都是世界上知名的觀光登山鐵道，雙方在2013年4月締結為姐妹路線，並可持已搭乘過的票根至對方車站免費兌換車票。為了紀念這段友誼，嘉義林務局特地在奮起湖車庫舉辦交流展。

阿里山森林鐵道

黑部峽谷鐵道

　　發源自立山連峰及後立山連峰間的黑部川，水量充沛又有明顯的高低落差，經年累月的侵蝕形成險要的V型黑部峽谷，許多秘境絕景就藏在以往人力所難以企及的深山原林裡，這條鐵道正好沿著黑部川深入峽谷內，成了欣賞天然奇景的最佳運具。

　　通車之初為了給當地人一些方便，這條鐵路也提供居民免費搭便車，後來絕景的名聲傳開，好奇的觀光客風聞而至，為了因應逐漸增加的人潮，只得開始收費，但畢竟不是正式的客運鐵道，當時車票上還印著「不保證安全」的字樣。後來這條路線取得「地方鐵道業法」的許可，開始經營黑部鐵道，1971年，關西電力株式会社成立子公司「黑部峽谷鐵道株式会社」，改善硬體、建立完備的機制，以更高的安全標準來營運這條日本人習慣稱為「トロッコ電車」的觀光鐵道（如同大家熟悉的京都嵐山「嵯峨野觀光鐵道」），目前每年均會在4月下旬到11月底運行，其他時間因山區大雪而停止營業。

1 | 2

1~2.JR 黑部宇奈月溫泉車站

從富山前往宇奈月溫泉

　　使用北陸地區鐵路周遊券，可從JR富山車站搭乘北陸新幹線白鷹號到JR黑部宇奈月溫泉車站，出站後過馬路到對面的「新黑部車站」，轉搭富山電鐵前往「宇奈月溫泉車站」。

富山電鐵

　　新黑部站是無人站，沒有售票機，也沒有閘門，只要上車先抽整理券，下車時再依整理券數字對照前方車資投入票箱即可。新黑部到宇奈月溫泉這一段由「富山地方鐵道公司」經營，未包含在JR Pass的使用範圍內，需另外付費；車站每天9:00～17:00會有人服務，可向工作人員購買「新黑部～宇奈月溫泉往返折扣票」，來回可節省一些車資。

1. 宇奈月車站是黑部峽谷鐵道的起站
2. 宇奈月溫泉車站足湯
3. 宇奈月車站售票處
4. 黑部峽谷鐵道車票

宇奈月～欅平

　　宇奈月溫泉車站是進入黑部峽谷的玄關口，出站後跟著人潮往左走約250公尺即可抵達黑部峽谷鐵道的起站「宇奈月車站」。可直接在車站1樓售票處購票，官網也提供事先預約購票的服務（只有英、日語）。如果已決定好回程班次，建議可直接就買來回票，避免下山時還要再排一次隊。

　　車票上會載明車號及人數，如果途中下車的話就不能再繼續使用；最基本的票價所能搭乘的普通客車是開放式的，沒有窗戶，視野最好，也可加價購買「Relax（リラックス）車輛券」，為密閉式車廂（有窗戶），其中Relax車廂每節最多只能有18人乘坐（其他車廂最多36人），最為舒適。由於鐵道深入山區，即便在盛夏時節氣溫也很涼爽，尤其是沿途有數不清的隧道，每當列車一進入隧道，迎來即是更為冰冷的空氣，早春及深秋時節前來搭乘的話，推薦多花點錢選擇有車窗的車輛，不然會很冷。

列車由兩輛橘色的機關車帶
頭，拉動後面一長串的車廂。
所有的列車車頭均掛著「阿里
山森林鐵道&黑部峽谷鐵道姐妹
提攜」的銘牌，台灣人一看到都
會油然生起一種親近感。專業攝
影師在月台上來回走動，為車上
的旅客拍照，待下山時這些照片
已列印出來，可自行決定是否購
買。

黑部峽谷鐵道車頭

宇奈月水壩

　列車速度不快，車上預錄好的廣播會介紹沿線景致，生動又有趣的口吻，出自富山當地
的女演員室井滋。去程坐在車廂右邊可以有好視野，因應發電廠而建設的黑部峽谷鐵道，
一路能看到數個水壩及發電廠。首先是「宇奈月水壩」，湖水呈現漂亮的祖母綠，隨後出
現一棟壯觀的歐洲古城堡建築，這可不是深山裡的主題樂園，是「新柳河源發電所」，一
處和宇奈月水壩同時完成的設施。

實際搭乘會發現列車會停靠許多不開放旅客上下車的車站，主要供發電廠維修人員使用，這些車站同時也作為上下行列車交會之用。行經「柳橋」、「森石」後，有旅客會在「黑薙站」下車，這一站以露天的「黑薙溫泉」最有名，距離車站約600公尺；有一條關西電力專用的鐵道支線也從此分岔出去，只供工程人員搭乘。

		1
2	3	4
5	6	7
8		

1. 新山彥橋
2. 新柳河源發電所
3. 黑薙溫泉
4. 水路橋
5. 出し平水壩
6. 兩車交會情景
7. 黑部川第二發電所
8. 鐘釣站

短暫停靠後列車行經「笹平」、「出平」、「貓又」，這時可以看到「黑部川第二發電所」，建於1933年，比黑部水庫的歷史還要悠久，貓又站是電力公司員工經常使用的車站。接著停靠「鐘釣站」，有部分乘客在此下車，附近有溫泉旅館、黑部萬年雪等景點，熱鬧程度僅次於終點站。

1 | 2

1. 名劍溫泉
2. 奧鍾橋

　　車行經過「小屋平」後隨即抵達終點「欅平站」，月台非常的長，正好可以分散要出站的人流，兩層樓的車站設有餐廳及土產店。欅平是黑部峽谷鐵道觀光的最精華，周邊有豐富的景點，出站後的路線建議可以這樣規劃：先往右前往「奧鍾橋」、「人喰岩」、「名劍溫泉」，再折返往左走到「猿飛峽」。

欅平站

人喰岩

195

猿飛峽

1	2	3
4	5	

1~2.前往猿飛峽沿途景致
3~4.河源展望台足湯
5. 猿飛山莊

　　猿飛峽是最值得前往的景點，這裡川幅狹窄，以前常有猴子攀爬跳躍過河，因而得名。如果從欅平站直接前往大約20分鐘可以抵達，沿路有許多值得拍照的景觀，不過路途有些上下起伏，走起來比想像中吃力許多，許多人會在猿飛峽的展望台稍歇，慢慢欣賞這被指定為特別天然記念物的奇景。

　　從猿飛峽往回走，最後再到「河源展望台」泡免費足湯（只開放到下午2點），正好舒緩剛剛的疲累，在泡腳的同時可從另一個角度欣賞紅色的奧鍾橋。如果時間充裕，則可以選擇到「猿飛山莊」泡露天溫泉。

欅平站周邊地圖

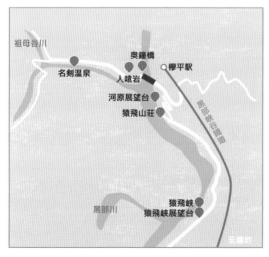

祖母谷川
奧鍾橋
欅平駅
名劍溫泉
人喰岩
河原展望台
猿飛山莊
黑部峽谷鐵道
黑部川
猿飛峽
猿飛峽展望台
至欅釣

INFO

黑部峽谷鐵道

🕐 4月下旬到11月底
🚃 宇奈月～欅平20.1公里

うなづき 宇奈月	上段…大人 下段…兒童（6~12歲）			單位：日圓
660	くろなぎ 黑薙			
330				
1,410	760	かねつり 鐘釣		
710	380			
1,980	1,320	570	けやきだいら 欅平	
990	660	290		

Ⓦ http://www.kurotetu.co.jp/

黑部川電氣紀念館

回程從欅平站上車，再次搭乘黑部峽谷鐵道，原路回到山下的宇奈月車站。先別急著離開，車站對面的由關西電力公司所設立的「黑部川電氣紀念館」，歐式建築外觀以大正年間日本電力公司的事務所為範本設計，洋溢阿爾卑斯山風情。館內詳細介紹在「水的寶庫」黑部川的電力開發史，館內佈置隧道開挖時的場景、用曲面螢幕呈現「トロッコ電車」沿線的風景、水力發電的知識……，很值得入館參觀。

INFO

黑部川電氣紀念館

- ⊙ 7:30～18:00（4/18～11/30）・9:00～16:00（12/1～4/17）
- ⊛ 12/1～4/17每週二休館
- ⑤ 免費參觀
- 🚌 黑部峽谷鐵道宇奈月車站對面；富山地方鐵道宇奈月站溫泉車站徒步3分鐘
- 🏠 富山縣黑部市483-4
- Ⓦ https://goo.gl/GM53X9

1		
2	3	4

1~3.黑部川電氣紀念館
4. 免費的電動 EMU 巡迴公車

宇奈月溫泉街

相較於深藏在峽谷裡擁有悠久歷史的黑薙溫泉、鐘釣溫泉、祖母谷溫泉，宇奈月溫泉算是很年輕的一個，起源於在開發黑部川電力的同時，將山上黑薙溫泉引到這裡，才開啟宇奈月溫泉的歷史。木造的宇奈月溫泉車站前有個著名的溫泉噴水池，氤氳水氣瀰漫，車站內也有免費足湯可以供旅客使用。

寧靜的溫泉鄉，很適合散步閒走，為了服務觀光客，提供免費的電動EMU巡迴公車，隨招隨停，引領旅客漫遊市街。溫泉街上的「宇奈月溫泉總湯」是最醒目的建築，潔白明亮又有現代感的大浴場位在2～3樓，有「美肌之湯」的美譽，這一天深入黑部峽谷行程的疲憊，都可在此洗盡。總湯對面的「つぼや煎餅店」的手工煎餅，是當地知名的伴手禮。

INFO

宇奈月溫泉總湯（湯めどころ宇奈月）

- 🕘 9:00～22:00
- 💲 大人510日圓、國高中生250日圓、小學生（以下）免費
- 🚌 宇奈月溫泉車站徒步3分鐘
- 🏠 富山縣黑部市宇奈月溫泉256番地11
- 🌐 yumedokoro-unazuki.jp/top/

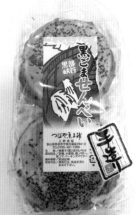

INFO

つぼや煎餅店

🕐 8:30〜19:00
㉁ 星期四
🚃 宇奈月溫泉車站徒步3分鐘（宇奈月溫泉總湯對面）

宇奈月溫泉街地圖

▓立山黑部

　　大概沒有比「翻山越嶺」更合適來形容這段路程的字眼了。大家經常聽到的「黑部立山」或「立山黑部」，雖然只有短短的四個字，實際上要橫越這段路程需轉換6種不同交通工具，是一段有些辛苦、不過卻能飽覽壯觀自然景色的祕境行程，深受日本海內外遊客喜愛，加上每年僅從4月中旬開放到11月底，其餘時間則因大雪封山，因此在每年的開山初期、日本黃金週、初夏，以及紅葉開始變色的9月底至10月初，這幾個旺季總會吸引大批旅行團及旅客上山，熱鬧程度絲毫不輸市區，也是台灣旅遊社長年熱賣不衰的行程。

　　行程的規劃可分成「橫越型」及「往返型」。橫越型的時間會比較充裕，適合安排不同住宿點的人，行李可於上午在指定時間前交由電鐵富山車站、JR信濃大町車站前面的「手荷物取り扱い場所」，以及大町溫泉鄉的指定旅館處理，費用為每個行李收取2,500日圓的費用。

Info 行李托運：https://www.alpen-route.com/tw/transport_new/baggage.html

黑部立山阿爾卑斯路線

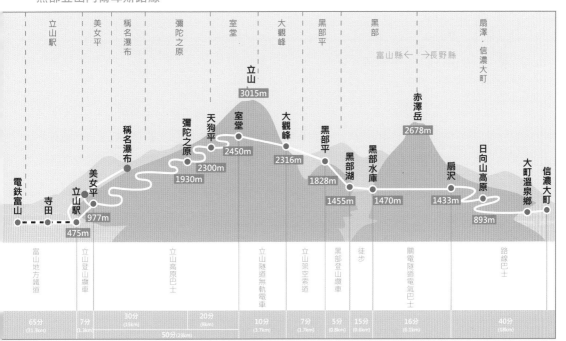

往返型的景點停留時間會較短，會花比較多時間在交通工具的重覆搭乘上，適合住宿同一地點的遊客。不管是「橫越型」或「往返型」，都有許多人利用，規劃上山只要把握一個原則，就是盡早出發就對了。

	橫越型	所需時間	票價（兒童票價）	往返型	所需時間	票價（兒童票價）
立山出發（富山縣）	立山～扇澤	6小時	10,940日圓（5,480日圓）	立山～室堂	5～7小時	7,380日圓（3,690日圓）
				立山～黑部水庫	8～9小時	16,480日圓（8,240日圓）
				立山～美女平	1～3小時	1,980日圓（990日圓）
扇澤出發（長野縣）	扇澤～立山	6小時	10,940日圓（5,480日圓）	扇澤～室堂	6小時	12,300日圓（6,150日圓）
				扇澤～黑部水庫	3～4小時	3,200日圓（1,600日圓）

註 搭富山電鐵從富山站到立山站單程車資1,230日圓；JR信濃大町站到扇澤站的巴士單程車資1,650日圓。如從電鐵富山站或JR信濃大町站出發當日往返黑部立山，交通預算請記得加上該段的來回車資。

車票可在電鐵富山車站、宇奈月溫泉車站、立山車站、扇澤車站購買，官網亦提供網路預約服務。這段旅程的車資實在算不上便宜，但絕對值得親自走一趟，領略大自然帶給人們的震撼與感動。

Info 立山黑部阿爾卑斯山脈路線官網：https://www.alpen-route.com/tw/

氣溫與服裝

這段旅程海拔動輒超過2千公尺，可不能以平地氣溫的標準來決定服裝，4～5月及10月，室堂平均氣溫都在10度以下，11月更會低到零下並開始降下瑞雪，這幾個月都要著冬季衣物上山，4～6月到室堂也要準備太陽眼鏡，避免白雪反射陽光造成刺眼光線對眼睛的傷害。

黑部立山服裝建議

月	4月	5月	6月	7月	8月	9月	10月	11月
平均溫度（室堂）	3℃	7℃	12℃	14℃	16℃	13℃	7℃	-1℃
建議服裝	·長袖 ·毛衣 ·刷毛外套 ·冬季夾克	·長袖 ·薄毛衣 ·刷毛外套 ·防風外套		·短袖 ·長袖 ·防風外套		·長袖 ·薄毛衣 ·刷毛外套 ·防風外套		·長袖 ·毛衣 ·冬季夾克

黑部水庫

扇澤～黑部水庫

扇澤是從黑部側進入山裡的門戶，在車站內的觀光案內拿取文宣資料後，就可以到月台搭乘「關電隧道電氣巴士」（関電トンネル電氣バス），經由隧道朝黑部水庫前進。

「黑部水庫」（黑部ダム）絕對是這段行程的重頭戲，這個日本史上規模最大的水壩，興建過程有著讓人聽了會膽戰心驚的艱辛。在昭和30年代（民國44年～53年），日本經過戰後的復原，開始進入經濟高度成長期，然而這時一些基礎建設的進度卻沒能跟上經濟的腳步，導致關西地區必須經常限電，不但影響發展，也造成社會問題，於是關西電力公司規劃並開始建設這個暱稱為「黑四」（くろよん）的「黑部川第四發電所」，以解決電力不足的問題。

這個世紀大工程，在當時的日本和「東京鐵塔」、「青函隧道」一樣，都是戰後復興的象徵，黑部水庫規模之大，至今仍讓人難以想像，7年工期、工程總經費513億日圓（換算現在幣值為1兆日圓）、作業人力動員1,000萬人次，並有多達171人殉職，日本以「激

已退役的關電隧道無軌電車

鬥」來形容這項巨大工程，其中最艱困的當屬扇澤通到黑部水庫的路段，必需打通「赤澤山」隧道。目前搭乘電氣巴士只要短短16分鐘，就能輕鬆寫意走完的6.1公里路段，當時為了貫通這條用來運送建材的關鍵隧道（要徑），可是讓工程人員吃盡苦頭。隧道工程從扇澤（長野縣）及山的另一頭富山縣同時進行，黑部位在3,000公尺的深山內，從富山側進來的工人只能以徒手搬運器具材料、走在從山壁開鑿出來的小徑，需2～3天才能抵達工地。

　　但這還不是最辛苦的，赤澤山裡還埋藏了一段「破碎帶」，蘊含大量的湧水（和雪山隧道很類似），讓原本每天可以順利推進約9公尺的工程，碰到最大難關。這短短80公尺的破碎帶，由於無法使用重機具，工人們只得忍受著只有4度的冰涼地下水淋在身上，奮力挖掘，然而再怎麼努力，每天也僅能聊勝於無的前進40公分，最後足足花了7個月才突破，用可歌可泣大概都難以形容當時工程人員的辛酸，如今隧道內也以藍色的指示燈來標記這段80公尺的破碎帶，日本曾將這一段真實故事，拍成電影「黑部的太陽」，由石原裕次郎主演。

　　這個路段原本以無軌電車行駛，稱為Trolley bus，地面沒有舖設軌道，但在分類上屬於電車，電力來自上方的架空線，目的是為了保持隧道內清淨，不被廢氣所污染。這條無軌電車曾載運超過6,000萬名旅客，在營運超過半世紀後，行駛到2018年11月底後已正式除役，2019年4月起改成現在的電氣巴士行駛。

　　電氣巴士發車時間大約從上午7:00開始（特定日期會提早到6:30），17:00發出最後一班車，每整點及30分鐘發車。如要順著銜接其他運具抵達立山，最晚不要搭乘晚於15:00的班次。

`Info` 黑部立山完整時刻表：https://www.alpen-route.com/access_new/timetable/

黑部水庫

　　無軌電車行駛到隧道的終點，稱為「黑部水庫車
站」（黑部ダム駅），下車後有一上、一下共兩條路
線可以走到隧道外，景色比較好的上行是大多數人的
選擇，共有220階，中途還有一處湧水供人免費飲用。

　　走出室內即是視野極佳的展望台，眼前有立山連
峰，往下更可俯瞰比東京巨蛋高出3倍、日本第一高
壩體（186公尺）的黑部水庫全景，總蓄水量達2億立
方公尺，相當於160個東京巨蛋的容量。每年6月26日
到10月15日期間，會實施觀光放水（洩洪），每秒10
頓以上的出水量，魄力滿點。許多人可能以為這個放
水是用來發電，其實和發電無關，巨型水壩攔起的黑
部湖內有取水孔，將水引到10公里外的黑部第四發電
所，利用高達545公尺的高低差來發電，每年發電量
為10億度（kWh），足以供應大約32萬戶家庭一年使
用。

黑部湖

壩頂步道

水壩高度 186 公尺，是日本第一

從展望台走下來到壩體，有飲食販賣店（ダムレストハウス），霜淇淋、以水壩造型擺盤的咖哩飯是當地的名物。

長達492公尺的霸頂可以自由散步，壩體的水泥當時由「左官」職人，也就是水泥師傅手工修飾完成，完工後歷經60多年依然平整、未見劣化，手藝令人讚嘆。往黑部湖車站的方向走，左邊是黑部湖，右邊是下游黑部峽谷，黑部川會流經欅平、宇奈月，最後注入富山灣。這一段是黑部立山中最精彩的景點之一，壯觀無比的水壩工程和新鮮空氣，建議預留100分鐘，好好享受這難得的秘境之旅。

黑部水庫散步地圖

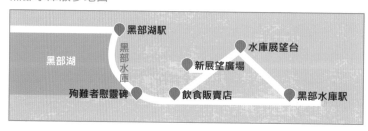

黑部水庫官網

黑部水庫放水影片

1 | 2

1. 黑部登山纜車
2. 黑部平標高 1828 公尺

黑部湖～黑部平

壩體的終點是「黑部湖車站」，同樣位在隧道內。這一段要搭乘的是「黑部登山纜車」（ケーブルカー），傾斜的車身（光是車頭與車尾就有不小的高低差），有著絕佳的爬升力，透過纜繩的牽引，5分鐘的車程可移動約0.8公里，海拔落差達373公尺。這類纜車在日本很常見，不過黑部登山纜車是日本唯一全線位在地下的纜車，可預防雪崩並保護自然景觀。

黑部平站外有處平台，可眺望立山連峰與大觀峰，秋天滿山遍野的紅葉是景色最佳的季節。

立山架空索道

黑部平～大觀峰

緊接著要換「立山架空索道」（立山ロープウェイ），從海拔1,828公尺的黑部平，一舉爬升到2,316公尺的大觀峰，歷時約7分鐘，運行距離1.7公里，長度是日本第一，目前使用的車廂已經進入第三代，藍、橘、白三色的車身塗裝和北陸新幹線的列車有點相似。纜車高懸如同空中散步，四周沒有障礙物，景觀極佳，夏秋不同季節的景色也大異其趣，並可一眼盡收整個黑部湖。

搭乘立山架空索道可欣賞整個黑部湖

　　高空索道從8:30開始運行，每20分鐘有一班，由於每次限乘80名，在旺季的時候要有排隊的心理準備。經營黑部立山交通的「立山黑部貫光株式会社」在官網特別製作「混雜預測日曆」（混雑予想カレンダー），讓要上山的民眾可以事先掌握。自由行旅客謹記一個原則，盡量避開開山的前半個月、日本連休（5月黃金週、8月盂蘭盆節）及週末就對了，不然遇到混雜度最高的A級時，會有超過6,000人同時上山，登山纜車及高空索道都有可能如同到迪士尼樂園玩熱門設施，要排1個半小時以上才能搭得到。

Info 混雜預測日曆：https://www.alpen-route.com/information/calendar/

大觀峰～室堂

　　抵達大觀峰後有個展望台，如果時間充裕的話，可稍事停留，不然一直轉換不同的交通工具也是滿累人的。

　　接下來要搭乘這段旅程唯一的無軌電車，這一段稱為「立山隧道Trolley bus」（立山トンネルトロリーバス），電車同樣是行走在隧道內，貫穿「雄山」，從大觀峰每小時

立山隧道 Trolley bus

的15分及45分會發出一班車。這一程的距離較短，只有3.7公里，10分鐘後會來到這段翻山越嶺行程的最高點「室堂」，海拔標高2,450公尺，是日本公共運輸最高的一站。

室堂平

室堂車站外稱為「室堂平」，相對於周邊3,000公尺等級的立山及北阿爾卑斯山脈，這片平坦的台地顯得很特別，成因是4萬年前火山噴發熔岩所形成的特殊地形，因此這裡有火山蒸氣口所造成的「御廚池」（みくりが池）、依然冒著硫磺的「地獄谷」、日本海拔最高的「御廚池溫泉」（みくりが池溫泉），都和火山有關。

地獄谷

眼前是北阿爾卑斯山脈，最高的一座就是立山。立山是日本三靈山之一（另兩座是富士山、石川縣的白山），富有宗教及神秘色彩，每年開山期間總吸引許多日本人登山愛好者前來朝聖，並以此作為登山的起點，室堂站旁就有間「立山Hotel」，順著遊步道往山的方向走約30分鐘，還有被作家詹宏志稱為雪埋的旅館「雷鳥莊」，以當地特有高山禽鳥「雷鳥」來命名，擁有遺世獨立的景觀，是攀登北阿爾卑斯山脈的重要基地。

御廚池

1		
2	3	4

1~2. 室堂平眺望立山
3~4. 室堂平秋景色

　　至於日本阿爾卑斯山脈名稱的由來，則是明治時代受聘來到日本的英國化學家William Gowland，看到這裡的山脈很像歐洲的阿爾卑斯山，於是以「Japanese Alps」稱之，後來經同樣來自英國的傳教士Walter Weston以《Mountaineering and Exploration in the Japanese Alps》這本登山名著，打響日本阿爾卑斯山的名號。

　　會神似阿爾卑斯山不是沒有原因的，因為立山連峰還擁有日本極少見的冰河地形。每年總會降下大雪的立山，經年累月堆積變成萬年雪，最下方的雪被擠壓成為冰河，歷經數萬年緩緩的流動，山谷就像一盒剛開封的冰淇淋被湯匙挖了一匙那般，雖然規模無法與真正的阿爾卑斯山（4,000公尺以上等級）比擬，但樣貌的確十分相似，難怪William Gowland會這麼命名了。

　　由於位處豪雪地帶加上高海拔的關係，4月中旬開山後到6月底這段期間，室堂平幾乎都仍覆蓋厚厚的積雪，直到7月以後雪逐漸消溶，新綠萌芽、萬物重現生氣，9月中旬到10月中旬山頭逐漸染成紅黃色，最合適的季節大約在7～10月。四季不同的景觀、地質上豐富的多樣性（火山加冰河），無怪乎在「閒走塔摩利」（ブラタモリ）節目中，NHK主播近江友里惠走在室堂平步道的第一句話就是：「這裡不太像是日本」，的確如此，這裡實在有太多日本其他地方所沒有的唯一。

1	2
3	4

1~4.室堂平雪景

室堂平有完整的散步道，景點豐富，可以享受在天空高原健行的樂趣，可以走到「御廚池」周邊輕鬆散步，或是走遠一點到終年冒著白煙的地獄谷。這裡也是一處「自然的寶庫」，是日本特別天然記念物「雷鳥」的重要棲息地。如果來黑部立山的時間不算充裕，建議可略過其他景點，將多一點時間留在這處天空高原散步。

每年一到11月，山上即進入雪季，室堂平的天候會開始變得不穩定，以2017年11月16日為例，氣溫已降至零下10度，積雪也高達50～60公分，行駛美女平～室堂間的高原巴士，在這段期間常因天候不佳而停駛，且為了避免雪崩造成危險，也可能比預定日期提早結束當年度的營運，上山前務必先查詢運行狀況。

火山噴發在室堂平留下的石頭

稱名瀑布

室堂～美女平

　　從室堂離開要搭乘「立山高原巴士」前往「美女平」，路程約23公里，時間約50分鐘，是翻山越嶺6種工具中乘車時間及路途最長的一段，海拔也從2,450公尺降到977公尺。往美女平的途中建議坐在右邊的座位，可以從車窗看到落差日本第一、達350公尺的瀑布「稱名瀑布」（称名滝）。

　　巴士途中會停靠「彌陀原」（弥陀ヶ原），是火山噴發加上豐沛的雪量所形成的高原大濕地，已經登錄在國際濕地保護的「拉姆薩公約」（ラムサール条約）。彌陀原面積遼闊，滿佈著超過3,000個大大小小、稱為「餓鬼之田」的池塘，部分區域有舖設木棧道，在夏秋之際也是很適合健走的地方。要特別留意的是，要在彌陀原搭車的話，必須在下車時跟公車站的人員先預約。

　　美女平車站外有個視野很好的展望台，一旁有棵巨木美女杉，可祈求戀愛成就，很受年輕人喜愛，不過如果是旺季時前來，建議還是直接先去纜車站排隊比較保險。

1
———
2 | 3

美女平～立山

下山前最後一段交通要搭乘的是「立山登山纜車」（立山ケーブルカー），每趟最多可以搭載120人。美女平距離立山1.3公里，7分鐘即可走完，這一段海拔會陡降502公尺，來到富山側入山的玄關「立山車站」，在這裡可以搭乘富山地鐵前往富山，等車的空檔可在站內餐廳或休息室稍歇。

1. 立山登山纜車
2. 立山登山纜車軌道
3. 美女平乘車處

福井縣

培育日本最早越光米的幸福國度

富山縣

石川縣

福井縣

1		
2	3	3

1. JR 福井車站西口
2. 坐在車站內椅子上的恐龍博士
3. 車站內的恐龍模型
4. 恐龍足跡化石複製品

▌恐龍王國：福井

　　福井是位在北陸地方最西側的縣，南邊與近畿地方的京都府及滋賀縣接鄰，人口在北陸三縣中最少，過往在旅遊的版圖上是比較容易被忽略的地方，但這可有點小看福井了。根據財團法人日本總合研究所，兩年一度所作的47都道府縣幸福度排行榜，福井縣在2022年連續第5次蟬聯幸福度第一的寶座，生活品質高，也是著名的米倉，培育出日本最早的越光米，縣內勝山市的恐龍化石出土數量可觀，搭著好萊塢電影侏儸紀的恐龍熱潮，近年逐漸以「恐龍王國」的名號獲得關注。

1	2	1~2.3D 恐龍壁畫
3	4	3~5.恐龍廣場栩栩如生的恐龍模型
5	6	6.　福井縣官方恐龍吉祥物「Juratic」

　　為了宣傳這個特色，福井縣和JR西日本可說是用盡心思，在JR福井車站內隨意找個座椅坐下，一旁可能就是一隻穿著白袍、容貌有些駭人的恐龍博士。從西口出來，更會宛如置身USJ環球影城的侏羅紀世界，站體外觀2樓帷幕以恐龍作成大型圖畫，1樓的三角龍和福井盜龍彷彿撞破車站外牆，是逼真的3D圖。這些都還不稀奇，站前廣場更有3隻主題樂園才會出現的擬真尺寸恐龍模型，兩隻似乎在爭奪地盤、不斷發出嘶吼的聲音的分別是福井盜龍和福井龍，最大的一隻則高達6公尺，有著比長頸鹿更長的脖子，學名為「Fukuititan」（意思是「福井的巨人」），站車站迴廊的某個角度，會作出很像在跟往來旅客點頭打招呼的動作，廣場地上則呈現實物大的恐龍足跡化石模型，說這裡是小型的恐龍博物館也不為過。

$\frac{1}{2}$　1～2.一乘谷朝倉氏遺跡的象徵「唐門」

當然，福井不只有恐龍，距離福井市街東南方約10公里的一乘谷，曾是日本戰國時代規模最大的城下町，在歷代朝倉氏的虔心經營下，有過一段不輸加賀百萬石的輝煌歷史。

在1467年，以應仁之亂為契機，朝倉孝景將根據地轉移至一乘谷，驅逐斯波氏、甲斐氏，平定越前國。朝倉氏5代103年間，一乘谷做為越前國的中心，由於接納了許多應仁之亂後，從平安京流離至此的公卿、武家、商人、學者，這些人正好為越前國帶來前所未有，屬於京城所特有的文化及活力，商業活動鼎盛，十分地繁榮，被稱為北陸小京都。但終究是時局紛亂、逐鹿天下的戰國時代⋯⋯。

謝哲青在《絕美日本》中曾提到這段歷史：

「朝倉氏第十一代當家義景，先是和以『天下布武』為目標的織田信長結盟，不久後又加入反織田勢力的『信長包圍網』⋯⋯」

但任誰也沒想到這項決定是個悲劇性的開端。

諏訪館跡庭園　　　　　　　　　　　　　　　　　一乘谷朝倉義景館跡

「突破包圍網的織田信長，先後討滅背信破盟的勢力，一五七三年八月十六日，一乘谷之戰後，朝倉義景在毫無外援的絕望之中兵敗自殺。……忿恨難消的織田信長，一把火延燒了五天四夜，將一乘谷的宮殿、庭園、城下町（商店街）燬成廢墟，昔日京華淪為死城。」

朝倉氏被織田信長滅族之後，一乘谷也被遺忘近四百年之久，淹沒在荒煙漫草及冬天的豪雪之下，直到1967年開始進行的考古挖掘調查，才發現戰國大名朝倉氏的城下町遺跡宛如時空膠囊，以良好的狀態埋藏在此，一乘谷往日的榮耀才又重新為世人所認識。

如今對於朝倉氏的考古研究工作依然持續進行，針對發掘調查結果，重建部分當時的町屋和街道，稱為「復原町並」，整個一乘谷朝倉氏遺跡已被指定為特別史蹟、特別名勝、重要文化財，並開放參觀，對喜歡戰國歷史的人來說，是必定要造訪的地方。

INFO

一乘谷朝倉氏遺跡（復原町並）

🕒 9:00～17:00

🚫 12月28日～1月4日休館

💲 大人290日圓，中學以下免費

🚌 JR越美北線「一乘谷車站」徒步約15分鐘

🌐 http://fukuisan.jp/tw/asakura/index.html

1 | 2
　 | 3

1. 一乘谷朝倉氏遺跡博物館
2. 遺構展示室
3. 在室町時代只有少數武將獲准使用的毛氈鞍覆與白傘袋，朝倉家是其中之一

一乘谷朝倉氏遺跡博物館

1971年，日本政府將廣達278公頃的一乘谷朝倉氏遺跡指定為國家特別史跡，並持續進行挖掘調查與整備作業，半個世紀下來累積豐碩的成果，促成「一乘谷朝倉氏遺跡博物館」的誕生，於2022年10月正式開館。

博物館剛好坐落在一處出土遺構的上方，距離JR一乘谷站甚近，由建築師內藤廣設計，外觀是五棟切妻造屋頂（懸山頂）連結在一起的倉庫造型，在農田與山谷綠意的環繞下不會顯得突兀。建築師在內部大量使用福井縣產的木材，一進到館內就感受到溫暖的氣氛。

博物館的參觀動線經過精心設計，首先有一段簡介影片，描述朝倉王朝的興衰以及遺跡發掘的經過，即便不懂日語，也能透過生動的畫面，對這段戰國時代的歷史產生興趣。一樓最裡面是廣大的遺構展示室，在博物館建設前的事前挖掘調查中偶然被發現，根據可能是商人掉落而留下的兩大串銅錢考證，研判這裡應該是河岸旁集散貨物船隻停靠的地方，搭配一旁文字解說及淺顯易懂的動畫，可以讓參觀者對當時模樣有具體的想像。

2樓是文物展示室，在已出土的一百七十萬件物品中，選出最具代表性的文物展示，有當時百姓的生活用品、職人道具、武器、佛像等。這些文物雖然歷經了四百多年的歲月，但由於被埋在水稻田下，宛如被封印在一個超大型的時光膠囊之中，並以極佳地狀態保存了下來，也讓現代人得以一窺日本戰國時代人們的生活樣貌。

　　正中央有一座大型模型，以1/30的比例，將建在山谷的城下町寺院、町屋地區，8米寬主要幹道旁五十多間房屋與人民的生活具體而微地重現，有魚販在賣魚、有武士在下棋、踢球，也有正要準備動身前往四國淨土寺參拜的旅人，也有商人要將大筆銅錢藏起來，117個人偶都有各自要傳達的故事，姿態生動，且都經過詳細考證，可說是最吸引人駐足的展區。

　　2樓挑高的空間，則是以原尺寸打造，重現朝倉氏第五代當家朝倉義景生活的宅邸「朝倉館」。永祿11年（1568年），朝倉義景曾在此盛大迎接室町幕府第十五代大將軍足利義昭第三度到訪，這時也是百年朝倉氏最鼎盛的一段時光。

1	2
3	4

1. 城下町模型唯妙唯肖地重現當時人民的生活
2. 原尺寸再現的朝倉館
3. 基本展示室展出的出土文物「金隱」
4. 基本展示室及城下町模型

INFO

一乘谷朝倉氏遺跡博物館

- 🕘 9:00～17:00
- 休 星期一、年末年始
- Ⓢ 大人700日圓、高中生400日圓、中小學生200日圓、70歲以上350日圓
- 🚌 JR一乘谷駅徒步3分鐘
- 🏢 福井縣福井市安波賀中島町8-10
- Ⓦ https://asakura-museum.pref.fukui.lg.jp/

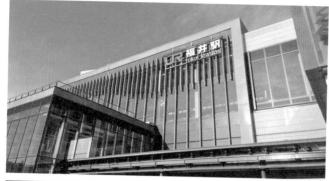

1	2
3	4	5

1.　　JR 福井車站東口
2.　　恐龍廣場模型
3~4.越前鐵道福井車站
5.　　越前鐵道的列車

▌景點交通攻略

　　位在福井市中心的JR福井車站是福井縣最重要的交通玄關，也是往來大阪與金澤間的特急雷鳥號必定會停靠的大站。車站東口配合可謂百年一遇北陸新幹線延伸的契機，進行大規模改建，2022年整修工程已經完成，車站設計以「從太古到未來」的概念，結合福井的自然與歷史，打造出高雅「和的空間」，整個煥然一新，呈現出與之前完全不同的風貌。

　　JR福井車站匯集JR西日本的北陸本線、九頭龍線，西口外有「福井鐵道」，是一條開往「越前武生」的路面電車，使用的車廂種類豐富，從懷舊風滿溢的昭和年間車廂，到如同富山LRT的新式低底盤車輛，同時都在線上服役，鐵道迷可一次蒐集各式車款，和四國高知的「土佐電」相當類似。

　　車站東口高架橋上的「越前鐵道」（えちぜん鉄道）則有兩條路線，營運里程也較長，以福井車站為交會站，往北是「三國蘆原線」（三国芦原線），往東為「勝山永平寺線」，近似L型的路網，越前鐵道在自家的官網也是以直角的方式呈現這兩條路線。越前鐵道由第三部門所經營，乘客不多，離峰時段通常只用1節車廂營運，車上有車掌小姐服務是一大特色，插畫家高木直子曾在作品中介紹過她的搭乘經驗。越前鐵道福井車站在2018年改建完成，新車站由建築師內藤廣監修，外觀是沉穩的「赤錆色」，站內大量使用杉木裝飾，是很適合福井意象的一座車站。

不過即便有這三種鐵道系統，卻仍都無法直接抵達福井的兩大看板景點「東尋坊」及「永平寺」，這時就要靠當地最重要的交通王者「京福巴士」出來救援了。

和京都嵐山的「京福電鐵」（嵐電）隸屬同一集團的京福巴士，是遊客到福井觀光時幾乎一定會利用到的運具（除非自駕），在福井縣經營數十條公車路線，形成密密麻麻的公車網絡。為服務眾多要前往永平寺參拜的旅客，京福巴士還闢駛「永平寺Liner」，屬特急巴士，只要30分鐘就能抵達永平寺。從永平寺也能搭乘路線公車87號，不用轉乘就能直達東尋坊，不過兩地距離甚遠，需要大約100分鐘。

如果只需前往東尋坊，先搭乘越前鐵道到三國港車站，再轉搭京福巴士會比較順暢。總之，要前往福井的觀光地沒有絕對用哪一種運具最方便，妥善交互搭配能縮短交通時間，讓旅途更順暢。

起	訖	建議交通方式
JR福井車站	東尋坊	搭越前鐵道到三國港車站，轉京福巴士84號
JR福井車站	永平寺	京福巴士永平寺Liner （或搭越前鐵道到永平寺口車站，轉京福巴士87或88號）
東尋坊	永平寺	京福巴士84號（東尋坊線）
永平寺	東尋坊	京福巴士87號（蘆原丸岡永平寺線）
永平寺	丸岡城	京福巴士87號（蘆原丸岡永平寺線）
JR福井車站	丸岡城	京福巴士 31或32號（丸岡線）

Info 越前鐵道：http://www.echizen-tetudo.co.jp/
京福巴士：http://bus.keifuku.co.jp/

京福巴士

永平寺 Liner

註 福井鐵道或是越前鐵道，都不在JR北陸周遊券的使用範圍內，須另外購票。

▓福井城跡

　　JR福井車站西口除了有恐龍廣場，「福井城」也在步行可及的範圍。

　　當織田信長滅了朝倉氏，並平定一向一揆的動亂後，由第一家臣柴田勝家於1575年在越前國建立這座名為「北之庄城」（北ノ庄城）的城池，據說高達9層的天守，比當時由織田信長所建的天下名城「安土城」7層天守還高。然而柴田勝家兵敗「賤岳之戰」（1583年），和她的妻子阿市（お市の方）切腹自盡，巨大的北之庄城也幾乎全燒毀於戰火之中。柴田勝家的3個女兒（茶茶、初、江）幸運生還，成了日後留名後世的「戰國三公主」。

$\frac{1}{2}$　1. 結成秀康像
　　2. 福井城跡與御本城橋

1601年北之庄城由越前北之庄藩第一代藩主結城秀康開始重建，於1606年完成。大改修後的福井城有四重、五重堀（壕溝）包圍，最寬堀幅達55間（約100公尺）的廣大城池，本丸則修築一座四層五階的天守閣。據說到了第三代藩主松平忠昌，覺得「北」似乎有敗北的意思，不太吉利，於是改稱「福居」，之後來再改為「福井」（居和井的日文發音相同）。

山里口御門

　　然而改名似乎並沒有讓厄運遠離，福井城於1669年再度遭遇火劫，福井城的象徵天守，以及許多櫓和城門都被燒毀。因藩的財政惡化，加上幕府也另有考量，決定不再重建天守，目前殘留下來的城跡幾乎都是松平氏時期所殘留下來。如今福井城內核心的本丸上，矗立的是福井縣廳、縣議事堂、縣警察本部，由四百多年前遺留下來的護城河環繞著。

　　渡過靠近車站這一側的「御本城橋」，即可進入原福井城的本丸內，然而除了殘留的石垣告訴後人這段曾經不可一世的歷史，幾乎沒有留下太多痕跡可供追尋，西側「御廊下橋」所連接的「山里口御門」經2017年的復元工程，可讓人一窺「天守臺下門」的風采由於松平春嶽等藩主實際的居所位在城外（現在的中央公園附近），因此都是利用山里口御門往本丸的方向前進，修復完成後，讓人可以親臨感受舊時藩主入城時的光景。從這裡進入，城內有一口名為「福の井」的水井，在1601年北之庄城築城時挖掘，作為生活取水之用，據說這口井正是福井地名的由來。

$\frac{1}{2}$

1. 山里口御門
2. 福の井

福井城天守遺跡

　沿著福井城跡護城河巡遊一周時，看見一對銅像，是為了紀念三岡八郎與橫井小楠而設置，兩人與坂本龍馬也有很深的因緣。當時勝海舟獲幕府首肯籌設神戶海軍操練所，並開設海軍塾培育人才，卻面臨資金不足的困境，於是指派龍馬前往福井募款。藩主松平春嶽不因龍馬脫藩浪士的身分，依然親切接見，並對為國盡力奔走的龍馬留下很好的印象與評價。

三岡八郎與橫井小楠像

　此行龍馬也因此結識這兩位傑出的幕末藩士。橫井小楠受到松平春嶽賞識，遠從熊本延攬而來，三岡八郎則改革藩的財政，鞏固福井藩在幕末雄藩的地位，龍馬被暗殺前最後一次出行，就是前往福井請求藩主能讓三岡出仕新政府。沒想到在福井也能接觸與坂本龍馬有關的事蹟，讓人補遺這段重要的幕末歷史。

福井神社與大銀杏

福井神社

御廊下橋附近有一座「福井神社」，祭祀福井藩第十六代藩主松平慶永，第一代的建築已於第二次世界大戰中燒毀，目前的神社由福井大學工學部設計建造，採用鋼筋混凝土，拜殿、鳥居的造型與一般神社大異其趣。

鳥居前有一株高聳的銀杏，超過7層樓高，在二戰的戰火下一度枯死，後來又冒出新芽、長出枝葉，展現強大的生命力，是不死鳥福井的象徵。

養浩館庭園

從福井城跡往北走，不遠處是江戶時代福井藩主松平家的別邸「養浩館庭園」。

這座取名源自孟子「養浩然正氣」的回遊式林泉庭園，面積與知名度或許不如金澤兼六園，然而景觀優美，無論是庭園還是建物都受到專家極高的評價，2022年美國權威庭園雜誌的日本庭園排行榜中，養浩館庭園高居第五名，排名還勝過京都二条城的二之丸庭園。

園內主要的配置有屋敷與水池。「御座ノ間」位於細長屋敷的中央，眼前紅葉、石組、築山、七重層塔與茶亭倒映水面，端坐在塌塌米上，想像著或許二百多年前，藩主也曾用同樣的視線，舉酒吟風弄月，度過愜意的歲月。

來到屋外，以逆時針方向逡巡庭園一周，沿途有石橋、飛石、砂利等各種不同的路面，走起來充滿躍動感，精心打造的一景一物，讓人貪婪地移不開目光，深深被這幽玄的「侘び」（閒寂）之美所吸引。

福井市區在第二次世界大戰末期遭受燒夷彈重創，養浩館庭園並沒逃過戰火，所有建物於福井空襲（1945年）中燒毀。所幸江戶時代一份「御泉水指圖」保存了下來，加上戰前庭園專家調查時，留下許多珍貴老照片，後人才得以貼近原貌修復，也讓我們如今臨窗一望，仍能感受到舊藩主庭園的幾分遺緒。

INFO

養浩館庭園

- ⊙ 9:00～19:00（11月6日～2月底～17:00）
- ㊡ 年末年始（12月28日～1月4日）
- $ 320日圓
- 🚃 JR福井駅徒步15分鐘
- 址 福井縣福井市宝永3-11-36
- Ⓦ https://fukuisan.jp/ja/yokokan

Hapiring（ハピリン）

　　JR福井車站西口有一棟醒目的大樓，2016年落成後成為福井最高的建築。廣場採用大片玻璃帷幕，旁邊設有「福井市觀光案內所」，低樓層內集合許多餐廳和販賣店，其中1樓的「かゞみや」（ICAGAMIYA）內完整網羅福井當地土產，可一次購足。2樓的Kirari和「福福館」是福井市觀光物產館，福福館內還開了間人氣鼎盛的餐廳「福福茶屋」，能在此品嚐道地的福井美食「おろし蕎麦」（蘿蔔泥蕎麥麵）。

 INFO

Hapiring（ハピリン）

- 🕙 9:00～22:00
- 🚉 JR福井車站西口徒步1分鐘
- Ⓦ http://www.happiring.com/

1/2
1. Hapiring 的福井市觀光案內所
2. Kirari 販售福井傳統工藝品和地酒

1 | 2
1. 蘿蔔泥蕎麥麵
2. 炸油豆腐

　　日本許多地方都吃蕎麥麵的習慣，長野縣更以蕎麥麵的聖地著稱，各地吃法有所不同，福井的蘿蔔泥蕎麥麵算是相當特別的一種，將辣味及甜味兩種不同品種的蘿蔔磨成泥，以特定比例混合，再搭配醬汁。接著重點來了，吃麵的時候不是用沾的，而是要豪邁的將蘿蔔泥整份倒到蕎麥麵上，絕妙的搭配非常美味，就算連吃好幾天都不會膩，是福井縣民熱愛的一道庶民美食。

INFO

福福茶屋

- 🕙 11:00～21:00
- 🚉 JR福井車站西口徒步1分鐘
  （Hapiring 2樓）
- 🍴 蘿蔔泥蕎麥麵、炸油豆腐、越光米三角飯糰
- Ⓦ http://www.orebo.jp/kankou/

另外，從Hapiring往商店街的方向走，有福井縣內唯一的一家百貨公司「西武福井店」，有LOFT、紀伊國屋書店、無印良品等品牌，是採購的好場所，本館前方的人行道上有一座「100年時計」，自2001年元旦啟用，要見證福井市未來100年的發展。

100 年時計

INFO

西武福井店

- ⊕ 10:00～9:30
- 🚌 JR福井車站西口徒步3分鐘
- 🏠 福井縣福井市中央1-8-1
- Ⓦ https://www.sogo-seibu.jp/fukui/

柴田神社

JR福井車站步行約5分鐘的距離，就能來到祭祀戰國時代名武將柴田勝家、妻子阿市和三個女兒「茶茶、初、江」的「柴田神社」，以祈求勝運、結緣、良緣、戀愛成就、夫婦圓滿、出世開運而聞名。柴田勝家是織田信長倚賴的重臣，驍勇善戰，有「鬼柴田」的封號，阿市是織田信長的女兒，被稱為戰國第一美女，因此來這座神社祈求美麗的人也很多。

柴田勝家曾在此打造北之庄城，據說天守高達九層，非常美觀氣派，讓來訪的葡萄牙傳教士讚嘆不已。然而這夢幻般的城池早已因勝家的戰敗而灰飛煙滅，後來北之庄城有一部分被改建為福井城，柴田神社就位在當年城裡最核心的本丸附近，如今僅有殘留的鬼瓦與石垣遺跡可供憑弔。

戰國三姊妹及阿市像，後面是柴田勝家

柴田神社

JR福井車站周邊地圖

INFO

柴田神社

- ⊕ 24小時見學自由
- 🚌 JR福井車站徒步5分鐘
- 🏠 福井縣福井市中央1-21-17

毛谷黑龍神社

提到福井最強的能量場所，非毛谷黑龍神社莫屬。

作為九頭龍川的守護神，並祈求國運昌盛而創建的神社，當地人親切地稱為「黑龍桑」（くろたつさん）。日本有四大明神，東為常陸鹿島大明神、南方紀伊熊野大明神、西是安藝嚴島大明神、北為越前黑龍大明神，自古以來守護日本國土四隅，毛谷黑龍神社正是鎮座北方的大神，擁有降魔調伏的力量。

從JR福井車站搭乘福井鐵道的電車來到足羽山公園口，依照goole地圖指示，穿過住宅區後來到神社鳥居前，順著石階梯而上就是拜殿。參拜方式和其他神社一樣，都是二拜二拍手一拜，能除厄並保佑安產及商業繁盛。

環視一圈，就是神社全部的範圍，和許多神社相比，其實並不大，但正所謂水不在深，有龍則靈，毛谷黑龍神社境內有許多可以祈求神明庇佑的地方，像是能實現願望的許願石、祈願一年無病無災的幸運撫石、化解厄運的碎厄石（厄割り石），最後再求個威風凜凜的神龍御朱印，參拜的過程不斷注入滿滿的能量。不管有沒有傳說中那般神奇，相信只要帶著虔誠心意，黑龍大神一定會助參拜者一臂之力的。

幸運撫石

INFO

毛谷黑龍神社
- 🕘 9:00～17:00
- 🚃 福井鐵道足羽山公園口站徒步5分鐘
- 🏠 福井縣福井市毛矢3丁目8-1
- 🌐 http://www.kurotatu-jinja.jp/

▓ 禪之里：大本山永平寺

距今約8百多年前的日本鎌倉時代，佛教逐漸普及，開創日本曹洞宗的道元禪師，也正好誕生在這個年代。道元禪師（1200～1253年）出生於京都，14歲就在比叡山出家，24歲時為了追尋真正的佛法，渡海遠赴中國南宋，在曹洞宗的天童山淨如禪師門下苦學，繼承正傳佛法。

道元禪師28歲時返國，將曹洞宗禪法帶回日本，在京都宇治建立日本曹洞宗最早的寺院「興聖寺」，然而傳承的法脈不同，不見容於比叡山延曆寺，開始遭受極大的打壓迫害，興聖寺甚至被放火燒毀。所幸經私交甚篤的武將波多野義重公牽線建議，離開已無容身之地的京城，來到遙遠的越前國（福井），於1244年在這處四方都被山脈包圍的深山幽谷，開創出家參禪的道場「永平寺」，繼續宣揚佛法與坐禪，道元禪師於1253年入定，結束短暫的一生。

　　永平寺七百多年來曾培育出無數禪師，目前寺內依然有二百多位修行僧，是日本曹洞宗的大本山，也是最重要的信仰中心。日本第一位諾貝爾物理獎得主湯川秀樹曾盛讚空海大師是日本歷史上最萬能的天才，道元禪師或許不似空海大師那般才華洋溢，也沒有留下那麼多傳奇事蹟，卻顯得更容易親近，和幕府及貴族所信仰的臨濟宗相比，曹洞宗比較貼近一般庶民。

　　從JR福井車站搭乘京福巴士永平寺Liner來到永平寺，公車站距離大門還有一小段距離，上坡路上兩旁店家林立，做的都是參拜客的生意，足見永平寺的吸引力。

　　商店街的盡頭就是永平寺，從龍門進入，氣氛為之一變，鬱蒼大杉木包圍著石坂路，足以讓人先沉澱心情。永平寺佔地廣達10萬坪，以七堂伽藍為核心，境內共有七十多棟殿堂樓閣，規模之大，相當罕見。

1
—
2

1. 永平寺前店家林立
2. 大杉木環繞入寺的石坂路

|1 2|3

1. 一般參拜客均從通用門進出
2. 修行僧説明參觀動線與須知
3. 永平寺境內圖

　　在通用門旁的自動售票機購票入內後，進入「吉祥閣」即必須換上室內拖鞋，隨後修行僧會利用一張大幅境內圖，向大家説明參觀動線與參拜須知。永平寺將「七堂伽藍」（山門、佛殿、僧堂、庫院、東司、浴室、法堂）和其他大大小小建築均以迴廊連結，成為一般參拜通道，所以雨天來也不用擔心淋溼。參拜時不可走到迴廊和建物以外，可自由拍照，但不可直接對著修行僧拍照。來到神聖的佛門清修之地，靜下心慢慢參觀是最好的方式。

1|2 3

1. 傘松閣
2. 山門奉祀的四天王
3. 永平寺內建築均以迴廊連結

　　緊鄰吉祥閣的「傘松閣」，是必見名所，足足有80坪大的天井，以230幅不同圖樣組成，由144位知名畫家用花卉、植物、鳥禽為題繪製而成，非常壯觀。經由迴廊連結可走到「山門」，是永平寺七堂伽藍中最古老的木造建物，兩旁奉祀持國、廣目、增長、多聞四大天王，鎮守清淨伽藍。

1		
2	3	4
	5	6

1. 中雀門
2. 佛殿
3. 佛殿供奉釋迦摩尼佛
4. 法堂
5. 承陽殿
6. 孤雲閣

　　從山門的中軸線，往上依序是中雀門、佛殿、法堂，同樣須藉由迴廊才能前往。佛殿供奉釋迦摩尼佛，大殿內莊嚴寧靜，可自由入內參拜。法堂位於最高處，是每日早課、各種法要儀式舉辦的地方。法堂右側的「承陽殿」是奉祀道元禪師的御真廟，可說是日本曹洞宗發祥的根源。

1
———
2 | 3

1. 承陽門
2. 唐門
3. 大庫院（台所）前超大擂粉木

順著迴廊一大圈參拜下來需要不少時間，最後還能參觀收藏眾多文物的「瑠璃聖寶閣」，其中道元禪師從南宋返回日本後所寫下的《普勸坐禪儀》真跡墨寶，最屬珍貴。永平寺內提供坐禪、寫經體驗，以及兩天一夜的參籠、參禪行程，藉由禪修調整忙碌的身心，很受日本上班族的歡迎。

INFO

永平寺

🕐 8:30～16:30（最後入寺時間16:00）
💲 500日圓、中小學生200日圓
🚌 搭乘京福巴士永平寺Liner到「永平寺」站牌，下車徒步約5分鐘
🏠 福井縣吉田郡永平寺町志比5-15
Ⓦ https://daihonzan-eiheiji.com/

▌絕景東尋坊

東尋坊

福井縣北部海岸靠近石川縣的「東尋坊」，隸屬於越前加賀海岸國定公園，是福井縣非常具代表性的天然觀光景點，每年可吸引超過140萬人次的觀光客。

1～3.越前鐵道三國港

東尋坊位在福井縣的北邊，與市區相距甚遠。在福井車站先搭乘越前鐵道，電車一出市區，沿線盡是恬靜的田野風光，讓人覺得很放鬆，47分鐘後抵達「三國港車站」，是一座很可愛的木造小車站。出站後依照指示，到對面站牌轉搭京福巴士84號東尋坊線，大約5～8分鐘後即可抵達東尋坊。下車後往海岸的方向走會先經過一條商店街，當地土產、生猛海鮮豐富，店員熱情叫賣，營造出觀光地特有的熱鬧氣息。

$\dfrac{1}{3}\ \dfrac{2}{4}$　　1~4.　　東尋坊連綿的柱狀岩形成壯觀的斷崖絕壁

　　臨日本海的漫長海岸線，唯獨這一段約1公里多因為是輝石安山岩的地形，數百萬年來經海浪拍打侵蝕，形成柱狀節理的岩柱，高達25公尺連綿陡峭的岩壁，猶如鬼斧神工般的壯觀景色，已被指定為國家天然紀念物與名勝，全世界也僅有三處如此特別的地形，相當罕見。

　　懸崖峭壁，風勢頗大，高低不平的山岩，每一步來都令人有點膽戰心驚，深怕哪一步沒有踩好就有滾落的危險。秋冬多陰強風的天氣，總為此地更增添幾許淒涼的氣氛，所以東尋坊也是日本知名的……自殺地點，十幾年前一度每年平均有多達20人左右來此尋短，所以周邊設有許多要珍惜生命的警語，當地也有非營利組織（NPO）致力防止有人在東尋坊自殺的憾事發生。

東尋坊商店街上的店鋪，以販賣海產居多，其中「やまに水產」當屬生意最佳的餐飲店，季節限定的越前螃蟹、甜蝦、各類海鮮定食套餐一應俱全，如果是購買京福巴士的2日乘車券，還能用coupon享折扣。

INFO

やまに水產

- 🕐 8:30～16:30
- 🚫 年中無休
- 🚌 搭乘京福巴士到「東尋坊」站牌，下車徒步約3分鐘
- 📍 福井縣坂井市三国町安島64-1
- 🍴 甜蝦丼、越前螃蟹

如同在四國德島的鳴門海峽可搭船欣賞海上漩渦，東尋坊也有觀光遊覽船，最遠駛往雄島，遍覽這段海岸線板狀節理、巢岩、夫婦岩、獅子岩、蠟燭岩等地形奇景，每趟航程約30分鐘，可近距離感受東尋坊高聳峭壁的魄力。

INFO

東尋坊觀光遊覽船

- 🕐 4月～10月9:00～16:00，11月～3月9:00～15:30（12/29～1/31停止營業）
- 💲 1,500日圓、小學生750日圓
- 🚌 搭乘京福巴士到「東尋坊」站牌，下車徒步約5分鐘
- 📍 福井縣坂井市三国町安島64-1
- 🌐 http://www.toujinbou-yuransen.jp/

東尋坊地圖

$\frac{1}{2 \mid 3}$
1. 雄島橋
2. 雄島有著柱狀節理地形海岸線
3. 大湊神社

雄島

　　站在東尋坊的石岩上就能看到一座有著朱紅色大橋連結的海島在不遠之處，從東尋坊搭乘京福巴士84號，約5分鐘的路程即能抵達「雄島」。

　　雄島是這段海岸線最大的島嶼，2百多公尺長的雄島橋連結安島漁港與雄島，渡橋登島立刻能看到一座鳥居，登上石階制高點是已有一千三百多年歷史的「大湊神社」，可以從另一個角度來欣賞東尋坊。原生林盤據整座島嶼，環島有一條小步道，走一圈大約2公里，可欣賞如同地質教室的柱狀節理地形海岸線。

‖‖ 三國懷舊散步

　　如同富山的岩瀨，福井縣也有一處在江戶時代到明治初期因為北前船交易而繁榮的地方：「三國湊町」。

　　流域涵蓋福井縣嶺北地區的「九頭龍川」及其支流「足羽川」，自古以來即水運發達。在行政區劃分上屬於「坂井市」的三國湊町，位處九頭龍川的出海口，江戶時代中期日本海上航路興起，這裡因為地利之便，成為來自關西、瀨戶內、山陰、東北、北海道物品的物流集散地而日益興盛，發展成繁榮熱鬧的城鎮，直到進入明治以後，鐵道路網普及，物品流通轉以利用鐵道為主，這裡才逐漸沒落。三國湊町依然保有北前船的文化、格子造形的町家及歷史建物，可來一趟悠閒的懷舊之旅。

　　三國湊町的旅程可順道安排在參觀完東尋訪後，搭京福巴士到越前鐵道的「三國車站」，以此為散步起點。

三國懷舊散步地圖

1	
2	3

1. 舊岸名家
2. 笏谷石地板
3. 水琴窟

舊岸名家

　　舊岸名家有著最標準的格子戶建築樣式，原先是經營木材的商人岸名惣助家代代居住的地方，如今作為展示館，可了解明治時代的生活樣貌。1樓為店面及收銀處（帳場）及接待空間，內部縱深非常長，與地面同高的土間往昔作為從後門河港運送上來的木材之儲放場所，走道特地採用「笏谷石」，經過多年的使用雖有些磨耗，大致仍保持平整，屋外有一處「水琴窟」，用勺子在石頭上灑一些水，透由竹筒可聽到水流的回聲，非常有趣的體驗。2樓為原家族的生活空間。三國觀光協會安排當地志工阿姨在館內為觀光客導覽，懂得日語的話可多加利用。

1. 2 樓起居間
2. 2 樓展示當地文化人的資料
3. 舊岸名家為三國特有的建築樣式

INFO

舊岸名家（旧岸名家）

- 9:00～17:00
- 休 星期三．年末年始
- $ 100日圓
- 越前鐵道三國蘆原線「三國駅」下車徒步15分鐘
- 址 福井縣坂井市三国町北本町4-6-54

緊鄰舊岸名家的「マチノクラ」（町の蔵）是2016年3月開館的新展示空間，利用已不再使用的木材倉庫空間，展示三國的海運歷史及文學，和舊岸名家一併參觀可購買較優惠的共通券。

INFO

マチノクラ

- 9:00～17:00
- 休 星期三．年末年始
- $ 150日圓（舊岸名家共通券200日圓）
- 址 福井縣坂井市三国町北本町4-6-48
- W http://mikunikaisyo.org/machiya/houses/5/

舊森田銀行本店

　　若論老街上最氣派的建築，則非「舊森田銀行本店」莫屬。森田家是三國湊當地的富商，早期經營迴船事業，不過到了明治時代中期，森田三郎右衛門察覺海運有逐漸衰退的趨勢，很有遠見地轉而投入金融業。由於信用良好，業績大幅成長，在1920年蓋了這棟華麗的建築，作為本店營業使用，後來被併入「福井銀行」，改為三國分店，一直營業到1990年代才轉到其他場所。建築物經過詳細的調查後復原整修，已成為見證當時三國湊町繁榮的重要文化遺產，目前開放一般參觀。

1. 舊森田銀行本店
2. 舊森田銀行本店營業大廳
3. 2樓迴廊
4. 大金庫
5. 以左官工法塗製而成的柱子

　　建築外觀是西歐的古典主義設計形式，推開大門進入，內部更是讓人驚艷，挑高的空間以2樓的迴廊包圍，天井、牆壁、窗戶的裝飾無一不講究，偌大的空間只有唯一一根柱子，外觀是大理石柱的樣子，其實是鋼筋混凝土加上所謂「左官」的工法塗製而成，非常逼真。1樓內側有對厚重的鐵門，是銀行的大金庫，不難想像當時營業的盛況。

INFO

舊森田銀行本店

🕐 9:00～17:00
🚫 星期一，年末年始
💲 免費
🚃 越前鐵道三國蘆原線「三國駅」下車徒步15分鐘
📍 福井縣坂井市三国町南本町
🌐 http://mikunikaisyo.org/morita/

1~3.散步途中不時可以看到的車

三國神社

　　有別於都會區喧囂的市街，三國湊町像是安穩沉靜的存在，過往歷史依然俯拾可尋，極其療癒，沿途景致，寧靜優雅，很適合悠閒的慢慢走。一路走著，不時可以看見路旁有大約3層樓高的白色倉庫，是存放武者人形山車的地方，散步途中找尋不知何時會出現隱身在小徑角落的「車蔵」（即收納山車的倉庫），也是一種樂趣，有些蔵完全密閉，有些上半部採用玻璃，只要抬頭就可以看見裡面的巨大人形，威武的姿態非常有震撼力。

三國神社拜殿　　　　　　　　　　　　三國神社樓門（隨身門）

　　一區一蔵，總共有十餘座，每年5月20日在「三國祭」的第二天中日祭時，這些高達6公尺的武者人形曳山車會出動其中6座，隨著神輿巡行町內，2017年出巡的奉納人形山車是大谷吉繼、竹拔五郎、德川家康、加藤清正、忍者兒雷也、柴田勝家。三天祭典期間（5月19日～21日），平常只有2萬多人居住的寂靜小鎮，將化身為全福井縣最熱鬧的地方，可吸引約10萬人次參與，居民也全體總動員來迎接這場盛事，是北陸三大祭之一。

　　沿路上的車蔵也好像格林童話糖果屋故事中被小男孩一路所留下的石頭，不用看地圖，似乎也能引導著旅人來到三國湊町懷舊散步的終點：「三國神社」。

　　三國神社奉祀的神明是大山咋命和繼體天皇，是當地居民的信仰中心，境內幽靜莊嚴，遍植杉木、松樹、紅楠、櫸木等，綠意盎然，小孩的七五三、孕婦的安產、考試合格或家內平安，各種人生中想要成就的事，都能來此祈願。

　　結束三國神社的參拜，毋須再走回頭路，可前往越前鐵道「三國神社車站」搭電車返回福井市區。位在鄉間田野的小站，雖以三國神社為名，不過卻與神社相距超過1公里，有些名不符實，要小心別走錯路了。

INFO

三國神社

- ⊘ 境內自由參拜
- 🚃 越前鐵道三國蘆原線「三國神社駅」下車徒步10分鐘
- 🏠 福井縣坂井市三國町山王6丁目2-80
- Ⓦ http://www.mikunijinja.jp

| 1 | 1. 丸岡城天守 |
| 2 | 3 | 4 | 2~4. 天守內部 |

▌最古天守：丸岡城

　　築城已有四百四十多年的丸岡城，是日本十二天守中最古老的一座，也是北陸地方唯一的現存天守，相較於福井城及高岡城僅存石垣城跡，更顯這座城的重要性。

　　別名「霞ヶ城」的丸岡城，是在戰國時代的天正4年（1576年），由領有越前一帶的柴田勝家的外甥柴田勝豐，承織田信長之命所建造，總共歷經十七代城主，直到明治維新。原本丸岡城整體的規模更大，1871年明治政府發出廢藩置縣令，將天守以外的部分解體，原本城跡變成公園，遍植櫻花，如今是日本櫻花一百名所之一。倖存下來的丸岡城原本在1934年被日本政府指定為國寶，重要性如同長野縣的「松本城」及滋賀縣的「彥根城」。

然而 1948年卻發生一起震央就在丸岡町的7.1級直下型地震，天守被強震摧毀的慘不忍睹，歷經7年才完成再建工事，目前被指定為重要文化財。

　　丸岡城的石垣採不規則的排列方式，石頭大小也不一，看似雜亂，其實是考量大雨及豪雪後的排水；天守外觀為2層，內部實為3層的構造，樓層間的階梯非常陡，不扶著欄杆或繩索很難往上，越往上空間越小，登上天守最高層，高度已有35公尺高。從四面的窗戶，足以眺望東西南北的景觀，天氣晴朗時，往西還能看到日本海及三國的海岸。

1	2
	3
4	5

1. 丸岡城天守入口
2. 從天守眺望的景致
3. 歷史民俗資料館
4. 福井震災前的石製
5. 丸岡城復原模型

　　天守閣屋簷所使用材質也很特別，採用足羽山山麓生產的笏谷石，每一塊重達20～60公斤，總共用了約6,000枚，重達120公噸，相當驚人。

　　丸岡城旁有一處「歷史民俗資料館」，展示與歷代城主有關的物品，可免費參觀。

INFO

丸岡城

🕐 8:30～17:00
🚫 全年無休
💲 大人450日圓、中小學生150日圓
🚌 JR福井車站搭乘京福巴士丸岡線在「丸岡城」下車，車程約50分鐘
📍 福井縣坂井市丸岡町霞町1-59
🌐 https://kanko-sakai.com/

一筆啓上：日本第一短信紀念館

　　來到丸岡城，會不斷看到「一筆啓上」這四個字，連城下公車站旁的商店也以「一筆啓上茶屋」為名，令人有些好奇。

　　一筆啓上有「簡短通知」（簡単に申しあげます）的意思，一般是男性書信時之用語。日本最有名、也堪稱一筆啓上的始祖，是德川家康的功臣，有「鬼作左」威名的武將「本多重次」（又稱作左衛門）。在天正3年（1575年）的長篠之戰中，本多重次在軍隊時裡向妻子寫了一封簡短的家書，原文為「一筆申す 火の用心 お仙痩さすな 馬肥やせ かしく」，意思為「小心火燭，別讓阿仙餓著了，把馬養肥」，短短幾個字，包含了對家的關心、對家人的愛、對主公的忠義，簡潔明瞭。這封短信中提到的「お仙」，是他的小孩「本多成重」，幼名為「仙千代」，後來成為丸岡藩第一代的藩主。

　　電話發達後，寫信的人變少了，基於這個典故，丸岡當地期望能發揚日本寫信的文化，於1993年開始舉辦「一筆啓上賞」，鼓勵大家用40個字以內的簡短文字書寫，傳達更深刻的想法或感情。2017年的主題是「母親」，被評選為大賞的作品將可獲得10萬日圓的獎金，所有入選作品也會集結成書出版。如今有了手機通訊軟體，每個人每天可能都寫了很多訊息，但人與人之間的關係卻似乎愈顯淡薄，這樣親手動筆寫信的活動確實很有意義。

　　集結20多年的資料，「一筆啓上：日本第一短信紀念館」（一筆啓上　日本一短い手紙の館）在2015年開館，就設在離丸岡城約200公尺的不遠處。

　　紀念館外觀仿丸岡城天守，1樓內部常設展示室完整呈現歷年的佳作，最特別的是設置一大片由15台LED電視組成的畫面，播放入選作品，以及療癒感十足的坂井市風景。2樓的空間面積特別設計的與丸岡城天守閣3樓一模一樣，可在迴廊欣賞丸岡城。

館內整理得一塵不染，每個樓梯轉角處館方都用心佈置，加上饒富人文氣息，是旅途中一處很好稍事停留，自我充電的地方。

2016年大賞作品賞析

2016年一筆啓上的主題是「對不起」，有兩位分別8歲及9歲的小學生獲得大賞，簡單的文句加上純真的口吻，看了讓人不禁會心一笑，「朝日新聞」還特地前往採訪並報導獲獎的大井美羽及上杉千里兩位小妹妹。

「家族のみんな」へ「いつもわがままでごめんなさい。でも本当の自分はもっとわがまま。」～大井美羽（8歲）

給家裡的每個人，「對不起我總是很任性。但是真正的我更加任性。」

「お母さん」へ「お母さん、ごめんなさい。実は私一番好きなのは、ばぁちゃんなの。」～上杉千里（9歲）

給媽媽，「媽媽，對不起，其實我最喜歡的，是奶奶。」

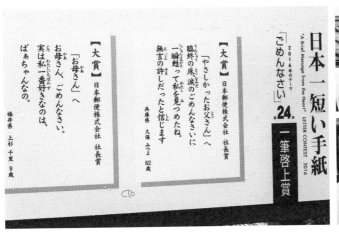

INFO

日本第一短信紀念館

- 🕙 9:00～17:00
- ㊡ 年末年始（12月29日～1月3日）
- 💲 大人200日圓、中學生100日圓、小學以下免費，持丸岡城門票可入場
- 🚌 同丸岡城
- 🏠 福井縣坂井市丸岡町霞町3-10-1
- Ⓦ http://www.tegami-museum.jp/

▌恐龍博物館

　　提到奈良大家會想到小鹿和大佛，提到福井，可能有不少日本人第一個聯想到的就是恐龍了，日本旅遊網站「ぐるなび」還將恐龍博物館列為福井縣觀光的推薦首選，排名還高過永平寺與東尋坊呢。

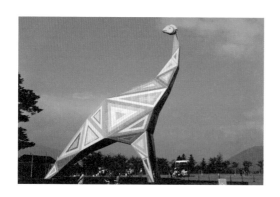

　　位於福井縣東邊約30公里的勝山市，自1980年代開始挖掘出白堊紀的恐龍及鱷魚、烏龜及魚類化石，當中最受矚目的當屬早已滅絕千萬年的恐龍，出土數量之多，堪稱恐龍化石的寶庫。於是在勝山當地成立這座大型博物館，由名建築師黑川紀章擔綱設計，蛋型的建築外觀極具現代感，係以地球的「迴轉橢圓體」抽象幾何學來打造主空間。

常設展示室分成「恐龍的世界」、「地球的科學」、「生命的歷史」三大區塊。毫無疑問，最受歡迎的當然就是恐龍的世界了，為了完整呈現這些巨大的恐龍化石，展覽館的主要展示空間挑高37公尺，展示50具完整的恐龍全身化石骨架，以及如同JR福井車站前的復原模型，這侏儸紀時代地球的霸主果然名不虛傳，身長動輒10幾公尺，人類若是提早演化出現在這「中生代」（Mesozoic），大概就像遇到「進擊的巨人」時一樣，只有趕緊逃命的份了。

地球的科學展示區則以「水的地球」及「火的地球」兩個面向，介紹地球的起源，展示陸地和海洋的堆積物、化石、組成地球構造的岩石等；生命的歷史區則將地球生成後46億年間，如何孕育出生命，以及物種不斷進化和滅絕的歷程完整呈現，很難找得到比這裡更完整的地球科學教室了。博物館大方的在官網公開很完整的360度館內環景相片，讓大家可不用入館也能先睹為快。

恐龍博物館在開館22年後，迎來第一次封館大整修，於2023年夏天重新開館。整修後營業面積擴大，在原本入口右方增建了一顆銀色小巨蛋，造型如同恐龍卵，並新增了一座三面環繞的大螢幕，讓參觀者彷彿置身侏儸紀時代被恐龍團團包圍著，臨場感十足，常設展展出的全身骨骼的恐龍化石也一口氣增加到50隻，包含一隻全長13公尺的海王龍屬化石，以及一隻從美國借展、依然完整保留著皮膚組織，非常珍貴的短冠龍屬恐龍木乃伊化石，入場者還能體驗恐龍化石的清潔，並透過CT觀察化石。

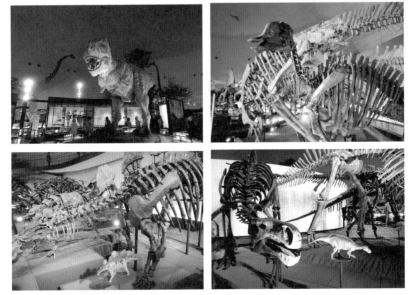

1	2
3	4

1~4. 館內展示的恐龍
化石及復原模型

　　恐龍博物館位置比較偏遠，光是搭乘越前鐵道從福井到勝山車站就大約需要60分鐘，若再加上接駁公車，來回車程合計至少要3小時。不過館內的展覽非常精彩豐富，值得花上一整天仔細參觀體驗，館內也附設有餐廳，餐點很用心地做成恐龍造型，是一處大人小孩都一定會喜歡的一流博物館。

INFO

恐龍博物館

🕐 9:00～17:00

休 第2、第4個星期三（如遇假日則隔日休館，暑假期間無休）、12月31日到1月1日。因為展示更換或施設檢查也可能會臨時休館

$ 常設展門票：小中學生500日圓、高中及大學生800日圓、成人1,000日圓（需事先預約並付款）

🚌 搭乘越前鐵道勝山永平寺線到「勝山車站」，轉直達公車約15分鐘（公車運行時刻有搭配越前鐵道抵達勝山站的時間）

址 福井縣勝山市村岡町寺尾51-11

Ⓦ https://www.dinosaur.pref.fukui.jp/

恐龍博物館地圖

360 度館內環景

白山平泉寺拜殿

▌白山平泉寺

　　原本打算在恐龍博物館待到將近閉館時間再返回福井市區，然而上午被車站內一張海報深深吸引，翠綠的青苔佔了海報逾半的畫面，古木參天，透露一股幽靜的氣息，讓人無論如何都想親自探訪，決定增加行程，前往這處帶著神秘色彩的地方。

　　搭乘勝山市的公車來到目的地，從站牌往前走一小段路，是筆直平緩的階梯，石碑寫著「白山神社」，是白山信仰的始祖泰澄大師（682～767年）於養老元年（717年）開創的靈場，也是白山信仰在越前的重要據點。發展至戰國時代，曾有多達八千個僧兵居住在此，是當時全日本規模最大的宗教都市，盛極一時，卻在天正2年（1574年）越前一向一揆戰亂中，整座山被大火燒毀，9年後重建，然規模已經大不如前。

　　順著石階往上，穿過一之鳥居走到境內，氣氛為之一轉，兩旁杉木筆直高挺，陽光透過疏落有致的枝葉，灑耀在青色苔蘚上，空氣中散發樹木的香氣，乾淨芬芳，參天杉木環繞，讓人身心皆感到無比放鬆。二之鳥居後方至拜殿前的青苔更是茂盛，宛如為地面鋪了一層厚重的地毯，景色與以青苔聞名的京都「西芳寺」相比，毫不遜色。置身其間，彷彿來到一個與世隔絕的靜寂世界，我望著眼前非日常的風景看到出神，幾乎忘了要拍照這件事。

白山平泉寺二之鳥居

本社

根據史料，原本的拜殿長約83公尺（46間），規模比京都的三十三間堂更宏偉，現存拜殿於江戶時代重建，古樸造型仍保有平安時代的風情。後方的本社在1795年由福井藩第十二代藩主松平重富下令重建，規模小巧但樣式與雕刻極美，大門每隔三十三年才會打開，下一次將在2025年開啟。

如同一乘谷朝倉氏遺跡，從平成年間開始，平泉寺持續進行著發掘調查，隨著眾多的石疊、石垣、僧侶居住過的坊院跡、庭園陸續出土，這座巨大的宗教都市往時的樣貌也逐漸變得更加清晰。

INFO

白山平泉寺

🕐 終日

🚌 越前鐵道勝山駅搭乘公車在「平泉寺」下車

📍 福井縣勝山市平泉寺町平泉寺56

Ⓦ http://heisenji.jp/#2-1

▌▌越前大野城

　　城是領主統治的據點與權力象徵，為了讓城池易守難攻，築城者往往會選在制高點，「越前大野城」也是如此。建在大野盆地中央標高249公尺的龜山頂，是一座標準的平山城，山麓下是金森長治（1524～1608年）所統治的城下町，在平定越前一向一揆的戰役中立下戰功，獲得織田信長賜與這塊領地。

　　金森長治耗時4年，於1576年完成越前大野城，其中天守已在江戶時代安永4年（1775年）的大火中燒毀，相隔將近二百年，在1968年的昭和年間，才由舊士族萩原貞捐贈資金重建，屬於復興天守。越前大野城居高臨下，入秋之後早上一旦溫差較大，雲海會包圍龜山，整座城池宛如漂浮在空中，如夢似幻，「天空之城」的名聲也因此不脛而走。

　　要前往越前大野城需歷經一段登山路程，從山腳下祭祀第七代藩主土井利忠的「柳廼社」進入登山口，往龜山頂前進。到訪時是紅葉季節，氣溫涼爽，這段山路並不會讓人覺得過於吃力，大約20分鐘就能走到天守所在的本丸。要進入天守需要另外購買門票，內部展示大野藩第7代藩主土井利忠（1811～1868年）的甲冑等武具和大名使用的器物。來到四樓展望室走到戶外，午後時分，燦白雲海早已散去，蔚藍天空下，大野盆地內棋盤狀的市街清晰可見。

　正所謂「不識廬山真面目，只緣身在此山中」，在龜山上是無法看到天空之城絕景的，必須登上越前大野城西邊約1公里外的犬山，一般來說，每年11月下旬到隔年1月中旬的清晨，是比較容易發生濃厚雲海的時節，但還要遇到晴天，並搭配一定的濕度且微弱的風速，一年之中大概只有十天會出現這如夢似幻的景象，能否看到還真的需要很強的運氣呢。

INFO

越前大野城

- 🕐 9:00～17:00（10月及11月～16:00）
- ㊡ 12月1日～3月31日
- Ⓢ 300日圓
- 🚌 JR越前大野駅徒步15分鐘至登山口
- 🏠 福井縣大野市城町3-109
- Ⓦ https://www.onocastle.net/

武家屋敷舊山內家

　　金森長治入主後，參考京都，擘劃大野城下町並奠定良好基礎，後人延續發展成現在的樣貌，如今有「北陸小京都」的美譽。沿著原路回到龜山下。走在市街，路旁溝渠水流清澈，處處可見湧出清水的水井。

　　來到江戶時代保存下來的「武家屋敷舊內山家」。幕府末期，內山良休、隆佐兄弟對於藩政改革有重大貢獻，並在全國開了11間由藩直營的「大野屋」，販售菸草和蠶絲，大大改善藩的財政，也讓內山兄弟成為大野藩倚重的家老。超過百年的內山家老屋分為母屋與別棟，坐在茶屋可欣賞日本庭園四季的風情，還能眺望越前大野城，是一處能感受幕末風情的史蹟。不遠處七間通り上的「七間朝市」已有四百多年歷史，在地農家每天清晨早上7點開始擺攤營業，兩旁也有不少從明治時代經營至今的老舖。

INFO

武家屋敷舊山內家

🕘 9:00～16:00（星期日、假日～17:00）
🚫 年末年始（12月27日～1月4日）
💲 300日圓，中學生以下免費
🚃 JR越前大野駅徒步15分鐘至登山口
🏠 福井縣大野市城町10-7

越前大野七間朝市通り

▓ 港町敦賀散步

　　從JR福井站搭上特急雷鳥號，列車離站後，馬力全開，於在來線鐵軌上破風疾駛，沿途盡是賞心悅目的田園風情。經過南今庄站後不久，一不留神，窗外突然轉為漆黑，想必正要穿山前行。列車以近百公里時速行駛好一會兒，前方依然像是無止盡的黑洞，暗無天日，呼嘯的風切聲像是口哨又像汽笛，車廂內清晰可聞，我環視四周，日本人旅客安坐如素，大概是對這段路程早習以為常。持續數分鐘的單調景色，炫目的陽光颯然照進車廂，驅走黑暗，車窗再現蔥鬱山林，穿過這條長達13.8公里的「北陸隧道」，目的地敦賀就在不遠的前方。

　　敦賀市的人口在福井縣內排在前五名，是幾乎所有特急車次都會停靠的大站，也是2024年春天北陸新幹線125公里延伸路段的終點。由於新幹線在往大阪延伸的期程未定，JR西日本索性把它蓋成全日本規模最大的新幹線車站，以兼顧旅客轉乘特急列車的便利性。

　　站前有片新開發的區域，由政府跟民間合作，期望將這裡打造成市民與訪客交流的據點，開發區命名為「otta」（おった），日文的意思指「在這裡」，是敦賀當地的口語用法。otta包含旅館、餐飲、土產店等設施，其中最讓人感到驚豔的，絕對是書店「ちえなみき」（知恵並木）。

1　　1.　JR 敦賀車站
2　　2.　tta 位於 JR 敦賀車站左側

以一棵茂盛的樹為概念設計內部空間，走起來雖有點像是迷宮，不過書籍分類清楚，店內共有約3萬本書，不以販銷暢銷書和營利為主要目的，因此陳列許多一般書店找不到的書籍，2樓有舒適的閱覽空間，眼前是綠意盎然的草皮廣場，這樣的概念無非是希望民眾停下腳步，多接觸書本，並從中感受到閱讀的樂趣，可說既是書店也像圖書館，是一處會讓書蟲留連忘返的地方。

INFO

ちえなみき

🕙 10:00～20:00
🈺 星期三
🚌 JR敦賀駅徒步1分鐘
🏠 福井縣敦賀市鉄輪町1-5-32 otta內
🌐 https://chienamiki.jp/

敦賀最美書店「ちえなみき」

從敦賀車站走出來，站前即是主要的道路。為了因應日本海側多雨的天氣，兩旁都設有拱形屋頂，總共串連5條商店街，全長達2公里，是敦賀市街的一大特色。

閑走在商店街，每走幾步路就會看到一座漫畫角色的雕像，都是漫畫家松本零士筆下的人物，想不注意也難。原來在明治時代，敦賀即有鐵道與港口，從東京的新橋搭乘歐亞國際連絡列車到敦賀，就能搭船前往海參崴，是一條直通亞洲大陸的定期航路，敦賀也因此而繁榮。

在1999年，為了紀念敦賀開港一百年，期許城市繼承「港」與「鐵道」的意象並連結到未來，因此敦賀市與漫畫家松本零士合作，從車站出來右手邊設置《銀河鐵道999》、左手邊則是《宇宙戰艦大和號》，總計設置28座雕像。兩部經典漫畫名場面的人物躍然生動，也讓遊逛商店街時增添不少樂趣。

沿路拍到「青春的幻影」這個場景，過了馬路就是北陸道總鎮守「氣比神宮」。

松本零士《銀河鐵道999》場景雕像

氣比神宮境內九社之宮

氣比神宮

　　創建於大宝2年（702年），擁有超過一千三百年的歷史，是日本的名神大社。轟立在表參道口11公尺高的紅色大鳥居，與奈良春日大社、廣島沿島神社並列為日本三大木造鳥居，挺拔地守護神的領域。在鳥居前鞠躬一禮後走進神宮，兩側石燈籠林立，金色陽光透過見頃的紅葉灑在參道上，增添神聖的氣息。

　　可能是平日上午的關係，參拜的人不多，讓境內更顯幽靜。拜殿祭祀7座神明，主祭神伊奢沙別命掌管糧食，是保佑海上交通、農漁豐收等食衣住行全方位生活的守護神，自古以來即備受百姓尊崇。氣比神宮一年之中各種祭祀不斷，以9月2日開始的「氣比長祭」最為盛大，除了敦賀、北陸地方的居民，也會吸引外縣市參拜者來此共襄盛舉。

　　參道旁一處「長命水」，傳聞一千三百多年前在修繕神宮時從地下湧出，一直持續至今，可以無病息災，是神宮內最有名的能量場所，不少人為此特地前來。

INFO

氣比神宮

- 🕐 4〜9月5:00〜17:00，10〜3月6:00〜17:00
- 🚌 JR敦賀駅徒步15分鐘
- 📍 福井縣敦賀市曙町11-68
- 🌐 https://kehijingu.jp/

1 | 2 | 3

1. 氣比神宮鳥居正面匾額由栖川宮威仁親王題字
2. 氣比神宮外拜殿
3. 長命水

敦賀鐵道資料館

位在大鳥居前方商店街，有間敦賀當地的茶葉專賣店「中道源藏茶舖」，販售日本各地高品質的茶葉，也提供內用服務，店內茶香滿盈，飲品美味，展現老舖的底蘊。

敦賀市區雖稱不上繁華，然街道乾淨整齊，漫步其間頗得悠閒之趣，往北繼續行走，逐漸能感受到海的氣息。敦賀自古作為北船前昆布的中繼港而繁盛，如今港邊依然倉庫林立，經過一棟外觀像是大船煙囪的「きらめきみなと館」，不遠的前方就是「舊敦賀港駅舍」。

明治45年（1912年），敦賀港駅開始作為「歐亞國際聯絡列車」的起訖站，可在此搭乘定期航線前往海參威，再連接西伯利亞鐵道後，即可一路通往歐洲大陸的柏林、巴黎，或是更遠的倫敦，從東京新橋出發，整趟路程大約需費時半個月，以現代的眼光來看也許會覺得漫長到有些不可思議，然而在沒有航空運輸的年代，已是最有效率的交通手段，因為如果搭乘輪船，要花費40天左右才能抵達英、法。

1 | 3
2 |

1 ～ 2.中道源藏茶
3.　敦賀港

然而歐亞國際聯絡列車早已停止，甚至連旅客運輸服務也在1987年廢止，不過卸下洲際旅運重任的車站並沒有因此閒置，內部打造成「敦賀鐵道資料館」。充滿昭和風情的建築，利用文物、影像和模型，向世人娓娓傳達過往的榮光，也讓這座曾經在歷史舞台上活躍的車站，倏然變得鮮明且立體了起來。

舊敦賀港駅舍現在是敦賀鐵道資料館

敦賀鐵道資料館內展示的模型

INFO

敦賀鐵道資料館

- 🕐 9:00～17:00
- ㊑ 星期一、年末年始
  （12月29日～1月3日）
- 🚌 JR敦賀駅徒步26分鐘
- 📍 福井縣敦賀市港町1-25

敦賀鐵道資料館旁有一片寬闊的空間，是敦賀港的象徵「金ヶ崎綠地」，步道完善，綠意盎然，很適合悠閒散步。在綠地拍照時，目光被一排宛如童話世界的洋風建築吸引，走近一看，是「人道之港敦賀博物館」（人道の港敦賀ムゼウム）。

敦賀港以前除了是運載無數人與文化交流的歐亞玄關，也發生過許多溫暖感人的故事。1920年代，曾援助西伯利亞的波蘭孤兒上陸，到了第二次世界大戰期間，許多遭受納粹迫害的猶太人流亡到鄰近國家，在當時擔任日本駐立陶宛代理領事杉原千畝的堅持與奔走下，發出約六千張簽證，讓這些猶太人得以先前往日本。許多難民歷經漫長旅程抵達日本上岸後，看到敦賀市街那一刻，不禁淚眼感謝說像是來到「天堂」，敦賀港也因此博得「人道之港」美譽。利用已經功成身退的「稅關旅具檢查所」等閒置空間，成立這座少見的博物館，為這段歷史留下寶貴紀錄，也讓人得以從另一個面向，更加了解這座城市。

INFO

人道之港敦賀博物館 人道の港敦賀ムゼウム

- 🕐 9:00～17:00
- ㊑ 星期三、年末年始
- 💲 500日圓、兒童300日圓
- 🚌 JR敦賀駅徒步30分鐘
- 📍 福井縣敦賀市金ケ崎町23-1
- 🌐 https://tsuruga-museum.jp/

賀紅磚倉庫旁展示的「キハ28形」氣動車頭

敦賀紅磚倉庫

　　如同橫濱，敦賀港邊也有一處明治時代留下的紅磚倉庫，由外國技師設計，於1905年落成，作為儲存石油之用，後來改存放昆布，是福井縣內少數存留下來的煉瓦建築。

　　兩棟倉庫比鄰而立，立面線條簡潔，造型典雅耐看。目前北棟做為鐵道模型館，重現敦賀最繁盛時期（明治後期～昭和初期）的街景，南棟則有幾間餐廳進駐，入口前方有片綠地廣場，倉庫另一側靜態展示一輛退役的「キハ28形」氣動車頭，是國鐵時代相當活躍的急行列車。這裡無論是紅磚倉庫或列車都妥善保存著，讓人得以穿越歲月之隔閡，一窺往日光景。

INFO

敦賀紅磚倉庫　敦賀赤レンガ倉庫

- 🕐 鐵道模型館9:30～17:30、餐廳9:30～22:30
- 🚫 星期三、年末年始（12月30日～1月2日）
- 🚉 JR敦賀駅徒步28分鐘
- 📍 福井縣敦賀市金ケ崎町4-1
- 🌐 https://tsuruga-akarenga.jp/

金崎宮

　　從倉庫後方筆直的紅磚圍牆朝山的方向走去，山腰上有一座「金崎宮」，祭祀後醍醐天皇的兩位皇子，可祈求突破難關、結緣及招福開運。

　　金崎宮位於天筒山，一旁築有越前朝倉氏所統治的「金崎城」（如今只剩下城跡），戰國時代，這裡曾發生一場差點讓織田信長吞下致命敗戰的「金崎之戰」（金ヶ崎の戦い）。1570年春天，織田信長軍隊一路挺進到越前，原本看似順利的戰事，卻收到妹妹阿市緊急送來的信物，袋子裝著小豆，兩端被緊縛著，暗示哥哥眼前狀況如同「袋中老鼠」，這時信長驚覺原本與之同盟的北近江淺井長政背叛，決定緊急撤軍，才順利逃過一劫。因為這個典故，金崎宮的繪馬，和保佑「難關突破 開運招福」的御守都以小豆袋子為造型，非常獨特，也都相當受歡迎。

金崎城跡

金崎宮境內寧靜，鮮艷的楓紅銀杏在藍天襯托下，讓人沉醉，如今已全然感受不到當時信長命懸一線的驚心動魄，不過回頭一望陡峭的階梯，想到方才不畏上坡，一鼓作氣走到這裡，應該也稱得上是一種難關突破吧。

金崎宮的繪馬

INFO

金崎宮

🕐 終日開放

🚌 搭公車在「金崎宮口」下車
　　徒步10分鐘

🏠 福井縣敦賀市金ケ崎町1-4

🌐 http://kanegasakigu.jp

順道一遊

▎▎▎地質公園：糸魚川

北陸新幹線的開通讓許多地方變得不再遙不可及，例如新潟縣就是如此，雖然就緊鄰在富山縣的旁邊，車程卻很費時間。不過自從有了新幹線，從金澤搭乘白鷹號列車只需不到50分鐘就能抵達位於新潟縣最西邊的「糸魚川市」，前往米鄉新潟變成輕鬆寫意的一件事。

距離日本海最近的新幹線駅「JR糸魚川車站」就位在糸魚川市中心偏北的位置，車站配合北陸新幹線而重新改建，與第三部門經營的「えちごトキめき鉄道」（越後心動鐵道）共用。有著可愛社名的越後心動鐵道，由於其中一站「関山駅」和台鐵東部幹線的「關山」同名，兩座車站在2017年11月締結為姐妹車站，日後勢必會有更多觀光交流。

```
1 | 2
  3
  4
```

1. 糸魚川車站日本海口
2. JR 糸魚川車站阿爾卑斯口
3. 越後心動鐵道的吉祥物
4. 商店街旁擺放著不同年代的岩石

日本海口

車站設有兩個出口，南口是「アルプス口」（阿爾卑斯口）、北口稱為「日本海口」。從北口出來，是一整條的商店街，人行道旁每隔一段距離就擺著一顆岩石，形狀各異，年代也有所不同，這與糸魚川是日本知名的「地質公園」（Geopark）有關，市內擁有多達24個地質公園，並且是全日本最大的翡翠產地，當地的翡翠原石生成於5億2千萬年前，是世界上最古老的翡翠。

1｜2

1. 奴奈川公主像
2. 日本海展望台

　在日本神話中登場的奴奈川公主，傳說大國主神遠從出雲來到此地向她求婚時，即是以翡翠為贈禮，因此在站前立了一尊奴奈川公主銅像，歌詠這段通婚神話。

　一路直走約500公尺，眼前是一片遼闊海洋，可以登上夕陽造型的「日本海展望台」來欣賞日本海，左方約60公里是能登半島，盛產金礦的「佐渡島」位在右前方90公里的外海，堤防外環繞著數量驚人的消波塊，有些殺風景，卻是要避免冬季日本海激起的滔天巨浪影響沿岸道路安全所不得不然的防災對策。

日本海

1 | 2 / 3 1~3.相馬御風宅

海岸不遠處有一棟「相馬御風宅」，是明治時代在糸魚川當地出生的文人相馬御風（1883～1950年）故居，他活躍於文壇，具有詩人、自然主義評論、作詞、翻譯、隨筆、鄉土研究家等全方位文采，最特別的是北從北海道、南至鹿兒島縣，有超過200所學校，包括早稻田大學的校歌歌詞均出自相馬御風之手。入內參觀可以坐在日本傳統的榻榻米起居室，手提音響裡流瀉出的是朗讀相馬御風作品的聲音，深刻優雅的文藻，是旅途中一段特別的體驗。

INFO

相馬御風宅

- ⊘ 9:00～16:00
- ㋡ 星期一（遇假日則順延），年末年始（12月28日～1月4日），12月到2月僅週末及假日開放
- ⑤ 100日圓，高中以下免費
- 🚃 JR糸魚川車站徒步5分鐘
- ㊌ 新潟縣糸魚川市大町2丁目10番1号
- ⓦ https://www.facebook.com/gyofu/

與車站北口緊鄰的「ヒスイ王国館」（翡翠王國館）頗具規模，除了販售新潟的各式特產，翡翠更是主角，工房展示從原石到琢磨成玉的過程。糸魚川所出產的屬於硬玉，又稱本翡翠，質地精細堅硬，不易損壞，加工起來也特別費功夫。

2016年平安夜前2天，糸魚川成了日本全國關注的焦點，因為車站北口附近發生一起罕見的超大規模火災。商店街上一家中華餐廳因為忘記關閉火源，不慎引發火災，由於當地密集的店鋪及住宅多為木造建築，且商店街以傳統「雁木造」騎樓連接，大火輕易就延燒開來。雪上加霜的是，當天日本海低氣壓帶來

的強勁風勢助長了火焰，讓4萬平方公尺的區域陷入一片火海，最後耗費近30小時才完全撲滅，計120棟房屋全毀，財物損失超過30億日圓，前所未見的災情也震驚全日本。目前當地依然處於重建階段，如有機會到北陸觀光，可利用「關西&北陸地區鐵路周遊券」多前往糸魚川消費，也是一種支持當地復興的方式。

1｜2

1. 糸魚川駅機関車庫 1 号紅磚車庫
2. 基哈 52-156 塗裝是經典的國鐵色

阿爾卑斯口

糸魚川車站南口離新幹線近，建築也較北口更為氣派，保留1912年完成的「糸魚川駅機関車庫1号」紅磚車庫，以拖曳工法搬遷，移到定位與新車站整合為一體，這種經典的三連式拱型紅磚車庫已日益稀少，這一棟顯得彌足珍貴。

地質公園觀光資訊中心有許多適合小朋友的遊樂設施

　　新幹線軌道下方的偌大空間分成3大區塊，靠近手扶梯是「地質公園觀光資訊中心」，中段空間有一輛以前曾在JR大糸線（松本～糸魚川）活躍奔馳多年的人氣列車「キハ52-156」（基哈52-156）。塗裝是讓鐵道迷難忘的經典「國鐵色」，平成22年（2010年）退役後保留在此作實車展示，列車不定期會利用地上的軌道，從紅磚車庫的出入口推出來展示，每每總能吸引鐵道迷不遠千里而來，親炙這輛車當年的風采。

　　最左側空間是「ジオラマ鉄道模型ステーション」（鐵道模型車站），以HO（1：87）規格及N（1:148～160）規格作成的超大型鐵道場景與火車模型，猶如迷你版的鐵道博物館。車頭裝有攝影機模型列車，玩家可以在一旁操控（每30分鐘500日圓），透過螢幕，唯妙唯肖的場景還真有如在開新幹線列車呢。

INFO

鐵道模型車站

⊙ 平日10:00～18:00，週末假日9:00～18:30（7月～9月延長到19:00）

(休) 1月1日

(W) https://www.
itoigawa-kanko.
net/spot/geopal/

1｜2｜3　1~3.HO（1：87）規格超大型鐵道場景

‖日本的阿爾卑斯：上高地

　　如果你喜歡壯觀的大自然，那一定不能錯過絕美如畫的「上高地」。

　　位在內陸的長野縣，左邊縣境連綿的北阿爾卑斯山脈將其與富山、歧阜兩縣隔離，上高地位於「中部山岳國立公園」南端的位置，與位處北段的立山遙望相對。從富山搭北陸新幹線加特急列車前往長野縣的松本市，車程大約2個半小時，可以在此住宿一晚，隔天再造訪上高地。

　　上高地標高約1,500公尺，一進入冬季氣候會變得很不穩定，且大量的降雪容易造成雪崩、落石等災害，因此每年的11月16日到隔年4月26日為閉山期，除了安全考量，也讓山林可以安養生息，開山後不久新綠逐漸綻放，夏天清爽、錦秋豔麗，都是適合前來的季節。

松本鐵道上高地線

交通方式

　雖然位處深山，但交通的規劃非常完善，推薦買一張「上高地・乗鞍2デーパスポート」（上高地・乗鞍2日周遊券），即可以無限制搭乘「松本電鐵」上高線（松本駅～新島々駅），以及前往上高地、乘鞍高原、白骨溫泉等山區巴士路線，松本市近郊的路線公車及市內觀光公車也包含在內，相當方便。

　松本電鐵上高地線位於JR松本車站內的7號月台，在上高地開山期間，總能看到不少著標準登山裝扮的日本人，歐美旅客也不少。這條鐵道由「Alpico交通株式会社」所經營，從松本車站行駛到新島々車站，每站停車，行車時間約30分鐘，沿途無太特殊景色。抵達終點新島々車站後，站前就是巴士站，可前往上高地及乘鞍高原等地。

　日本政府將上高地列為「特別天然紀念物」及「特別名勝」，為了保護這天然美景、永續發展，私家車一律禁止進入，大巴士也採低公害車輛，以減輕對環境的負擔。從新島々車站到上高地約需1小時車程，沿途會經過3個水庫，景色壯觀。看著窗外的風景，車行時間彷彿也沒有那麼長，一晃眼，巴士抵達大正池，建議在此下車，開始上高地散步行程。

大正池

　　從大正池到河童橋約3.5公里，步道清楚完善，沿途山岳及梓川美景不斷，是最受歡迎的健走路線。走近大正池畔，是無比清新的空氣，5月中旬來訪時，遠方是山頂依然白著頭的穗高連峰，池水清澈無比，倒映著山頭白雪，每個遊客莫不拿起相機，盡情捕捉這猶如世外桃源的美景。樹梢枝頭綻放新芽，告訴世人夏天即將到來，新綠點綴著原野山林，洋溢著豐富的層次感，成了一年之中，僅次秋天楓紅的第二受歡迎季節。

梓川

大正池與燒岳

　　大正池是在大正年間（1915年）燒岳的一次噴發中，泥流流入梓川而形成的堰塞湖，因此以大正為名，這裡水流緩慢，湖面平淨如鏡，許多樹木沒入池中，早朝或日沒時，景色獨特，是上高地規模最大的池子，也是最知名的景點。

　　這裡的步道規劃的很明確，國立公園希望民眾不要行走步道以外的路線，以免人為踩踏影響到植物的生長，更不要去餵食野生動物，才不會改變自然生態。

穗高連峰

1	2
3	4

1~3. 田代池
4.　進行戶外教學的學生

田代池

從大正池開始慢慢走約半小時可抵達田代池。

規模比起大正池小了許多，是一處濕地風貌、滿佈上高地原生林的淺池。偶有幾隻水鳥在池面優游，畫面更加生動，也成了喜愛繪畫者的最佳寫生地。田代池雖淺，但因為水溫較高，即便是隆冬時節，池水依然不會結冰，是一大特色。

將上高地之美向世界宣揚的英國傳教士Walter Weston，要離開上高地前最後到訪的就是田代池，並對這裡的美景留下「如同鏡面的沼面，靜靜映著穗高的灰色斷崖及閃亮的白雪」這樣的描述，非常地貼切，讓人閉著眼睛，腦海中就可以浮現彷彿被大自然環抱的畫面。

健走途中，經常可以遇到老師帶著學生來此，做自然觀察教育的戶外課程，只見每個人都認真的紀錄或是描繪，透過這樣的教育，也會深植小學生們環境保育的意識，是一種正向循環的概念。

一旁梓川水質清澈，豐沛水源來自山上的融雪，帶點夢幻的淡碧綠色，看起來充滿沁涼感，水溫也確實很低。沿途除了原始林，亦穿插著零散的濕地，讓生態體系更為豐富。

Weston碑

持續沿著自然研究步道走，接著會抵達
「田代橋」和「穗高橋」，一旁指標寫著
「帝國Hotel」，是上高地最高級的旅館，
地點絕佳，但房價也很高貴，如果預算充足
這裡絕對是最好的度假選擇。

Weston 碑

站在橋上視野良好，可以清楚看到穗高連峰。再經過2間旅館，就能抵達「ウェストン
碑」（Weston碑），這位英國傳教士曾3度長期住在日本，除了傳教，熱愛登山的他，另一
個身分是登山家，曾征服多座日本的名山，他的著作「日本阿爾卑斯的登山和探險」，將日
本的風俗與當時尚鮮為人知的日本山岳介紹給世人，讓日本的阿爾卑斯美名傳遍全世界，日
本山岳會為了感念他，立碑紀念，現在每年6月的第一個星期日還會舉辦「Weston祭」。

上高地很適合野餐，自己帶東西上來是最好的方式，ウェストン碑附近的大草坪有休憩
亭和一些公共座椅，可以在此休息一下，吃點東西。為了維護上高地的環境，這裡沿途都
沒有垃圾桶，一個都沒有，遊客必須將垃圾自己帶下山，對於大自然的保護非常徹底。

梓川與田代橋

河童橋

沿著梓川繼續往上游走，看到越來越多人潮出現，就知道「河童橋」近了。如果安排半天的上高地行程，一般就是從大正池走到河童橋。河童橋位在上高地的中心位置，也是最熱鬧的區域（熱點），土產、店家、餐廳、咖啡店都集中在這附近，距離巴士terminal約5分鐘的步行距離。這附近平時人潮就多，如果遇到日本黃金週或賞楓旺季，人潮更是可觀，所以河童橋附近又有「上高地銀座」的稱號。賣店裡面特產豐富，推薦可嚐嚐安曇野的優酪乳，是長野縣的地方特產。

可以將河童橋當作上高地健行的終點，也可以作為中繼站，如果對於腳力有自信，亦可繼續後半段，朝比前半段路程更長的明神池前進。

INFO

上高地

- ⏱ 4月27日～11月15日
- 🚌 從JR松本車站搭乘松本電鐵上高地線到新島々車站，轉Alpico巴士前往上高地。
- Ⓦ http://www.kamikochi.or.jp/

1	2	3
4		

1. 河童橋
2. 鴛鴦是上高地常見的鳥種
3. 安曇野優酪乳
4. 穗高連峰

▌▌▌國寶彥根城

　　滋賀縣與福井縣相鄰，同樣在JR關西&北陸
地區鐵路周遊券的使用範圍內，從福井搭乘特
急列車「しらさぎ」（白鷺號）到「米原」，
再轉乘JR東海道本線的新快速列車，大約80分
鐘就能抵達位在琵琶湖東畔的城市「彥根」，

特急列車白鷺號

可作為前往京都或大阪的中繼站，並探訪國寶「彥根城」。

　　日本大大小小的城數量眾多，「財團法人日本城郭協會」在2006年依據是否有傑出的
史蹟、或是否曾經為著名歷史事件發生的舞台等標準，選出「日本100名城」，包含了弘
前、松本、犬山、丸岡、彥根、姬路、備中松山、松江、丸龜、松山、宇和島、高知等
十二座在江戶時代以前修築，且天守閣至今依然保存良好的城，稱為「現存十二天守」，
這當中又僅有松本、犬山、彥根、姬路、松江五座城的天守被列為國寶，彥根就是其中一
座，顯得彌足珍貴。

走出「JR彥根車站」的閘門，從車站2樓的窗戶就能看到昂然立於丘陵石垣上的彥根城。車站前廣場的銅像是戰國武將「井伊直政」，是幫助德川家康一統天下的大功臣，又被稱為「德川四天王」或「德川十六神將」，並成為「彥根藩」初代藩主，奠定現在彥根市的發展基礎，在當地備受景仰，如同加賀百萬石的前田利家。

在井伊家的治理下，彥根藩相當受德川幕府倚重，是領有30萬石的有力大名，在兩百多年後來還出了一位名氣更為響亮的子孫「井伊直弼」（1815～1860年），是日本人在歷史課本中都讀過的重要人物。

1	
2	3

1. 井伊直政像
2~3.井伊直弼的歌碑

身為第十五代彥根藩主，井伊直弼在幕末時成為德川幕府的大老，大權在握，面對黑船來航、西方崛起的現實情勢，傾向開國，於是一手主導與美國簽訂「日美修好通商條約」，並發動一起腥風血雨的「安政大獄」（1858年），全力打擊尊王攘夷派的志士，逮捕上百人，並將吉田松蔭、眾多水戶藩家老處死，包括坂本龍馬妻子的父親栖崎將作，也因連坐被捕入獄。

然而如此高壓舉動也惹惱了一群志士，密謀復仇，1860年3月24日，已然初春的天氣依然天寒地凍，早上就不斷下著大雪，在井伊直弼搭著轎子、一行人60餘人正要行經櫻田門進入江戶城之際，17名脫離水戶藩的藩士以及1位薩摩藩士終於逮到機會，趁著視線不佳，發動突襲並將他當場擊殺，史稱「櫻田門外之變」。此後權力逐漸崩落的幕府也間接促成大政奉還的實現，從這個角度來看，井伊直弼也可說是改變日本歷史的一個關鍵人物。

　沿站前商店街一路直走即可抵達城池的範圍，護城河（中堀）旁有一整排的松樹（いろ
は松），為第二代藩主井伊直孝所植，已有三百年以上的樹齡。中堀內一棟馬屋，以前常
時豢養著十幾頭藩主用的馬匹，是目前眾多日本城內唯一僅存的馬屋。接著渡過橫跨內堀
的表門橋，買票後即可進入城的核心範圍。

1. 彥根城中堀
2. 井伊直孝所植的松樹
3. 馬屋

然而彥根城並非井伊直政所築，1600年「關原之戰」（関ヶ原の戦い）後，德川家康授予他原本由豐臣秀吉愛將石田三成所統治的「佐和山城」。雖說佐和山城遭到攻陷，領民依舊對石田三成敬仰在心，井伊氏為了能順利統治此地，廢除佐和山城，改築新城也成了政治上合理的選擇。然而井伊直政入主二年後就因關原之戰的舊傷復發而去世，他的兒子井伊直孝繼承父親遺志，於慶長9年（1604年）選定在彥根山築城，歷經二十年的歲月才全數完成這座有著難攻不落美譽的大規模城池，其中天守從大津城移築過來，花費不到二年的時間隨即完成。

1	2
3	4

1~2.表門橋
3.　表門山道
4.　連接天秤櫓的木橋

　　2重層疊的石垣，善用丘陵的地形，方才從表門走上來已經讓人有些氣喘吁吁，要再經由一座木橋才能進入「天秤櫓」。仔細觀察會發現這裡是一處山谷地形，敵人如果一鼓作氣攻到這裡，除了兵疲馬困、既累又喘，還會發現大事不妙，因為根本就進退無路，這時守軍會從上方木橋與天秤櫓發動反擊，將入侵者一舉殲滅，善用地形優勢，是彥根城防禦上的一大特色。

彥根城天守

　　天秤櫓內石階繼續綿延，再經過一道「太鼓門櫓」，才總算進入本丸，彥根城的天守就轟立在眼前。3重3階的構造，似乎沒有想像中那般巨大。正面三種八字型黑色稱為「破風」的屋簷，造型優雅，既美觀又富有變化，讓人目不轉睛想好好仔細欣賞。然而破風下的白色外牆看似平整的，其實暗藏玄機，為了禦敵，佈滿著隱藏的狹間，也就是槍砲與弓箭的發射口，總數共有七十幾個，戰時可以從城裡推開，用來攻擊敵人，種種精巧的設計，就是要將彥根城築成一座難攻不落、宛如銅牆鐵壁之城。

　　天守的2樓有一尊名留歷史的井伊直弼塑像，登上最頂樓四面視野極佳，往西邊看去，眼前即是遼闊如海的琵琶湖，佐和山位在城的東邊，大約只有1公里遠的距離，更遠處是鈴鹿山脈，北面的城下看似平坦，但在明治時代以前，是一大片琵琶湖的內湖，換言之，彥根城三面都有天險環繞保護，且位處「北國街道」及連接京都及江戶的「中山道」兩大道路要衝，如同咽喉般的絕佳地理位置，並集防禦及運輸兩大功能，所以就如同「井伊」的發音「いい」，是連德川家康都覺得要一統天下絕對要拿下的好地方（いい場所）。

　　從天守下來，發現有不少人潮聚集，原來是彥根的吉祥物「ひこにゃん」（彥根喵）出陣表演的時間。彥根會選擇貓作為吉祥物，其實是有段典故的，據說彥根藩二代當家井伊直孝有一次帶著老鷹出外去狩獵，回程時遇到大雨，途經一座佛寺前遇到一隻向他招手的白色貓咪，直孝覺得有些好奇，於是就進入寺內躲雨，隨後雷電交加，變成一場狂風暴雨，這隻貓咪等於幫助他躲過一場雷雨。這間寺是位在東京世田谷區的「豪德寺」，原本是一間很不起眼的小寺，經由這隻貓咪與井伊直孝結緣，後來成為井伊家的菩提寺，日益繁盛，如今最出名的是寺內有民眾所擺放數以萬隻的招財貓（招き貓），非常壯觀，也成為東京都內一大觀光景點。

以這個典故所創造出來的彥根喵，在2007年為了紀念彥根城築城四百週年時正式登場，ひこにゃん這個名字經由民眾公開命名決定，除了與彥根（ひこね）的發音很相近，にゃん則是很常用的形容貓叫聲擬音詞，可愛又好記的名字也拉進了與大家的距離。彥根喵頭戴象徵井伊軍團的紅色頭盔，加上圓胖的造型非常受歡迎，出道時間還比熊本熊早了好幾年，算是吉祥物界的大前輩呢。

彥根喵的興趣就是在彥根城周邊散步，因此經常可以在城內看到他的身影。呆萌的模樣加上無厘頭的動作，每次出陣總是讓人笑聲不斷，在日本國內是家喻戶曉的大明星。

彥根喵每天固定會在彥根城天守前和彥根城博物館（冠木門）前散步出陣，來彥根城時可不要錯過這個開心果的表演。

INFO

彥根城

- 🕓 8:30～17:00
- 休 年中無休
- 💲 門票（含玄宮園）800日圓、中小學生200日圓

- 🚃 JR彥根車站下車徒步約15分鐘
- 🏠 滋賀縣彥根市金龜町1-1
- W https://hikonecastle.com/

位在彥根城東北側的「玄宮園」，是第四代藩主井伊直興所修築的大名庭園。大量引入琵琶湖水，以水池為主的造景，借景高聳的彥根城天守，園內橋樑也特別多，搭配池畔的臨池閣、鳳翔台、八景亭等建物，形成一處優雅的名勝庭園。

玄宮園

夢京橋キャッスルロード

彥根城下也有繁華的城下町，渡過橫跨中堀的「京橋」，是一條依然保有江戶時代風情的商店街「夢京橋キャッスルロード」（夢京橋Castle Road）。在昭和年間經過重新整備的建築，全是2層樓白色牆壁與黑格子的傳統町家樣式，匯集和菓子店、土產、餐廳、咖啡等各式店舖，是當地最熱鬧的觀光商店街，展現「old new town」的新意象。

北陸
深度休日提案

搭新幹線暢遊**金澤、兼六園、立山黑部、
合掌村、加賀溫泉、上高地、觀光列車…**
最美秘境超完整規劃！**暢銷增訂版**

國家圖書館出版品預行編目資料

北陸・深度休日提案：一張 JR PASS 玩到底！
搭新幹線暢遊金澤、兼六園、立山黑部、合掌
村、加賀溫泉、上高地、觀光列車…最美秘
境超完整規劃！暢銷增訂版
/Aska 著 . -- 初版 . -- 臺北市：創意市集出版：
城邦文化發行，民 112.6
面；　公分

ISBN 978-626-7336-00-7（平裝）
1. 自助旅行　2. 日本

731.9　　　　　　　　　　　　112006859

2AF659X

作　　　者	Aska	
責 任 編 輯	李素卿	
主　　　編	溫淑閔	
版 面 構 成	廖麗萍、江麗姿	
地 圖 繪 製	江麗姿	
封 面 設 計	走路花工作室	
行 銷 專 員	辛政遠、楊惠潔	
總 編 輯	姚蜀芸	
副 社 長	黃錫鉉	
總 經 理	吳濱伶	
發 行 人	何飛鵬	
出　　　版	創意市集	

發　　　行　城邦文化事業股份有限公司
　　　　　　歡迎光臨城邦讀書花園
　　　　　　網址：www.cite.com.tw

香港發行所　城邦（香港）出版集團有限公司
　　　　　　香港灣仔駱克道 193 號東超商業中心 1 樓
　　　　　　電話：(852) 25086231
　　　　　　傳真：(852) 25789337
　　　　　　E-mail：hkcite@biznetvigator.com

馬新發行所　城邦（馬新）出版集團
　　　　　　Cite (M) Sdn Bhd
　　　　　　41, Jalan Radin Anum, Bandar Baru Sri Petaling,
　　　　　　57000 Kuala Lumpur, Malaysia.
　　　　　　電話：(603) 90563833
　　　　　　傳真：(603) 90576622
　　　　　　E-mail：services@cite.com.my

客戶服務中心
地址：10483 台北市中山區民生東路二段 141 號 B1
服務電話：（02）2500-7718、（02）2500-7719
服務時間：周一至周五 9：30 ～ 18：00
24 小時傳真專線：（02）2500-1990 ～ 3
E-mail：service@readingclub.com.tw

※ 詢問書籍問題前，請註明您所購買的書名及書號，
以及在哪一頁有問題，以便我們能加快處理速度為您服
務。
※ 我們的回答範圍，恕僅限書籍本身問題及內容撰寫不
清楚的地方，關於軟體、硬體本身的問題及衍生的操作
狀況，請向原廠商洽詢處理。

※ 廠商合作、作者投稿、讀者意見回饋，請至：
FB 粉絲團・http://www.facebook.com/InnoFair
Email 信箱：ifbook@hmg.com.tw

印　　　刷　凱林彩印股份有限公司
　　　　　　2023 年 6 月
　　　　　　Printed in Taiwan
定　　　價　420 元

若書籍外觀有破損、缺頁、裝訂錯誤等不完整現象，想
要換書、退書，或您有大量購書的需求服務，都請與客
服中心聯繫。